20几岁就定位

[江涛│编著]

LIFE ORIENTATION IN 20S

早知道早成功的人际关系基本规则

当代世界出版社

图书在版编目（CIP）数据

20几岁就定位/江涛编著.—北京：当代世界出版社，2011.10
ISBN 978-7-5090-0788-4

Ⅰ.①2…　Ⅱ.①江…　Ⅲ.①人际关系学–青年读物　Ⅳ.①C912.1-49

中国版本图书馆CIP数据核字（2011）第201687号

20几岁就定位：早知道早成功的人际关系基本规则

作　　者：	江　涛
出版发行：	当代世界出版社
地　　址：	北京市复兴路4号（100860）
网　　址：	http://www.worldpress.com.cn
编务电话：	（010）83908456
发行电话：	（010）83908410（传真）
	（010）83908408
	（010）83908409
	（010）83908423（邮购）
经　　销：	新华书店
印　　刷：	三河市祥达印装厂
开　　本：	730mm×960mm　1/16
印　　张：	13.25
字　　数：	220千字
版　　次：	2012年1月第1版
印　　次：	2012年1月第1次
书　　号：	ISBN 978-7-5090-0788-4
定　　价：	26.00元

如发现印装质量问题，请与承印厂联系调换。
版权所有，翻印必究；未经许可，不得转载！

前言

好友的孩子今年大学毕业，正在找工作。

不知道为什么，这孩子看中了我们单位。于是他谁也没告诉，自己就跑来单位应聘，结果被刷了下来。

几天后好友给我打电话讲了此事。孩子的学历和性格都不错，符合这次单位的招聘要求，于是我让他先过来实习。

第二天孩子就找到我办公室来道谢，末了他说："本来我以为能靠自己，现在看来还是得靠关系。"

我笑着说："这次你能来上班，确实是靠你爸的关系，但是其实你也能靠自己进来，只是你没做好而已。"

孩子有些惊讶："我能有什么关系？"

我问他："你面试之前作准备了吗？面试的时候认真观察面试官的一言一行了吗？仔细分析面试官每个问题的意图了吗？"

孩子摇头。

我说："其实你的硬件条件完全符合我们的招聘要求，所以能不能成功应聘，就看你会不会处理你的人际关系。首先，你在面试之前就应该多多收集单位的相关资料，做到知己知彼，这样在面试的时候就能清楚表达出你的特长和优势；其次，你在面试之时如果仔细观察面试官的一言一行，及时调整自己讲述的内容，就能吸引面试官的注意；最后，面试时你要坦诚回答面试官的每一个问题，让面试官觉得你是一个可以信任的人。当这些你都做到的时候，面试官才会欣赏你，那么你的这次面试基本就成功了。这就是你自己在面试之时成功建立起来的一个人际关系。"

孩子点头："原来如此，要是早一点明白如何去做，我就完全能通过自己的能力轻松搞定工作了。"

其实，现实生活中，有很多跟这个孩子一样初入社会的年轻人，他们要么自以为是、要么不善言辞、要么我行我素，弄得人际关系极差，却又不思改进，工作生活皆不顺心，这都是因为不懂得如何处理好人际关系、如何为人处世所致。要知道，人与人之间的关系是世上最复杂的东西，而中国人之间的关系更加微妙，基本上处处都要"看关系"、"讲关系"。当我们生活在这样一个大环境里，我们就应该识时务、懂关系，只有这样才不会处处碰壁、遭人白眼。

其实，在我们的日常工作和生活中，人际关系随处都有体现——

　　实力相当且均无背景的小甲和小乙竞争一个职位，最后小甲取胜，为什么？可能就因为小甲懂得察言观色，在面试时说的话很中面试官的下怀，又或者仅仅是因为小甲在面试的时候和面试官多聊了两句。

　　刚出道的你和对手竞争同一个大客户，由于你们所在的公司实力相当，而对手也是新人，所以能说会道的你并不是很担心，可是，你输了，为什么？可能就是对方的青涩和真诚打动了客户，也可能正是你的能说会道让客户不信任。

　　公司的项目组长最近走了，大家都对这个职位虎视眈眈，但最后一个不起眼的胖子脱颖而出，为什么？可能是因为他总喜欢和上司聊天、交流，又或者是他偶尔给上司端茶递水、鞍前马后的马屁行为让上司内心舒坦。

　　……

通过上面的例子我们不难看出，细节就能体现你的为人处世，小事就能注定你的人际关系！

因此，对于一个在社会上行走的人来说，我们要想把生活过得更舒服一点，首先要做的，应该是学会处理好自己的人际关系。

其实，人际关系是一门很简单的学问，只要你懂得了其中的一些要点，你的人际关系就能获得很大改善。

本书从人际关系中人格魅力的培养、看透人心、听话说话、积累人脉、规避为人处世的错误点、工作人际细节和生活人际细节等方面，提供多个实用的改善人际关系之法，让你的工作和生活焕然一新，使你的成功提前降临！

20几岁就定位
早知道早成功的人际关系基本规则
目 录/CONTENTS

Chapter 1　越早明白人际关系的重要性，就越早成功　001

　　这是一个讲"人脉"的社会　/002
　　主动和比你优秀的人交往　/008
　　要过什么样的生活由你自己决定　/013

Chapter 2　成为一个大家都想主动结识的魅力人士　019

　　你对自己的了解有多少　/020
　　你改变，一切就会改变　/024
　　可以没钱但不能没品位　/028
　　给人留下良好的第一印象　/031
　　见不同的人，说不同的话　/035
　　偶尔戴上面具，会让你的人生更加顺利　/038

Chapter 3　看"懂"你身边的每一个人　043

　　识人能力决定一个人的得失　/044

通过他虚伪的语言，透视他真实的内心　　/048
懂得把握他人心理才是识人的最高境界　　/052
一不小心就会被肢体语言出卖　　/056
看得透，不说透　　/060
感情用事是识人的达摩克利斯之剑　　/062
小心背后射出的暗箭　　/065

Chapter 4　学会把话说得既动听，又滴水不漏　069

要懂得如何与人沟通　　/070
迅速和陌生人成为朋友　　/076
恰如其分地赞美对方　　/082
迎合对方特别的习惯　　/086
幽默让你更有魅力　　/093
少说多听，永远是最好的选择　　/099

Chapter 5　从踏入社会那一刻，就应该开始积累你的人脉资源　105

留一步让三分　　/106
少一个陌生人，就会多一个朋友　　/111
有时候"势利"一点也无妨　　/114
努力记住他人的每一件"小事"　　/117
找到你人生中的"贵人"，并和他（她）成为朋友　　/121
努力让自己成为对别人有用的人　　/126
一定要淘汰你的"垃圾"朋友　　/128

Chapter 6 为人处世最容易犯的错误　133

不良的个性是成功的绊脚石　/134

别总沉浸在自己的小世界里　/137

做事拖延会让你失去很多机会　/141

凡事别太较真　/145

不会有人喜欢爱抱怨的人　/148

忘根忘本的人会跌得很惨　/152

Chapter 7 工作中不可不知的人际关系细节　157

对老板，不拼命但要忠心，不谄媚但要尊重　/158

面对强势的 boss，你要调适心态，增强实力　/160

和同事不能走得太近，但也别分得太清　/164

懂得隐藏锋芒，才不会成为众矢之的　/166

学会感谢工作伙伴，让他人尝到甜头　/168

如果真诚，就能赢得下属的尊敬和忠诚　/171

对那些"刺头"要恩威并施　/173

如何应对总是与你作对的下属　/176

让客户喜欢你这个人　/178

和客户做生意场上的"真朋友"　/180

Chapter 8 生活中必须学会的人际关系技巧　183

想多认识朋友最有效的方法是真诚　/184

要做密友,就别计较付出与回报　　/186

不要企图去改变对方　　/188

别只关心家人"吃饱了没",也记得问"为什么心情不好"　　/191

面对邻里街坊,多些理解与和气,就会少很多矛盾与问题　　/193

亲戚之间少一些"攀比"会更好　　/196

1
Chapter

越早明白人际关系的重要性，就越早成功

这是一个讲"人脉"的社会
主动和比你优秀的人交往
要过什么样的生活由你自己决定

这是一个讲"人脉"的社会

好莱坞流行这样一句话:"成功,不在于你知道什么或做什么,而在于你认识谁。"

美国总统布什曾说过:"重要的不是接受什么样的教育,重要的是和谁做同学,今日的同学关系也许就意味着明日的财富。"

成功学大师卡耐基经过长期研究,得出结论:"专业知识在一个人成功中所起的作用只占15%,而其余的85%则取决于他的人际关系。"

人脉可以让你分享更多的知识、资源、时间、精力、朋友、合作人等。

所以,那些涉世未深、没什么人脉的人要费尽心力经营自己的人脉,而那些已经有了自己人脉的人则要想着如何巩固和扩大自己的人脉圈。

大部分年轻人关心的是,我们在和他人打交道时,该用什么态度、方法和技巧,以达到我们想要的社交效果。

现在有很多书,传授给年轻人一些厚黑学的道理——为达目的可以不择手段;在追求利益时可以无所顾忌,什么尊严、人格、法律……统统抛诸脑后,只看结果。所以在求人办事、搭建人脉的时候,我们有足够的理由去低声下气,摇尾乞怜……

我在这里要说的是,年轻人在开始经营自己的人脉时,也可以不用低声下气，不用摇尾乞怜，将人与人之间的交流建立在平等互利、互相尊重的基础上，社交技巧可以是积极和健康的，不必抱着投机侥幸的心理。

我在国内一所商学院开始研究生学习生涯的时候，就被压垮了。我每天不停地问自己：这么大的世界我怎么就到这儿来了呢？

来此之前，我连一门会计类或金融类的课程都不曾上过。而且环顾身边那些青年男女，他们有的还没毕业，就已经到一些一流的公司去处理数据、分析报表了，而且他们大都家境富裕、条件优越，很多人还继承了祖辈的产业。

毫无疑问，这些现实使我压力巨大。

我来自一个小地方，一个乡下孩子，出生在一个普通的工人家庭，上大学的费用是靠自己勤工俭学挣来的，仅有一个一般学校的本科文凭，我唯一的优势也就是学习成绩尚可。就凭这个，我怎么才能竞争得过他们呢？

在商学院的这段日子，是我职业生涯的一个关键时期，同样也是我一生的转折点。在这段时间里，我的那些不安全感统统杀了出来。

通过我商学院里的那些"富二代"同学，我清楚地认识到一点，那就是在穷人和富人之间有一条无形的界线。

因为我穷，我感到自己完全被排斥在校友的关系网之外，而从另一方面来讲，这种感觉也迫使我积极地工作。努力，是消除我和富人间差距的一个途径。

幸好，我也有一些别人所没有的优势——我同时在学一些很多其他同学所没学过的东西。

我在读书的时候，必须利用业余时间勤工俭学挣点零花钱，那时我曾在一个高尔夫俱乐部里当球童。

在那里，我看到的一些东西，改变了我的世界观。

在那里，透过一些富人，我可以经常思考为什么有的人能够成功而有的人却不行。

那时，当我为富人们背着球杆包走在高尔夫球场上的时候，我目睹了这些球技已经达到了职业水平的人怎样相互合作。

他们不断地发现一个又一个生意，然后为此互相投入时间和金钱。他们确保了自己的下一代能够得到最好的教育，然后找到合适的实习职位，最终获得一个极好的工作。

当时，我亲眼所见的事情极好地证明了"成功带来新成功，富人会更富有"。雇我来背球杆包的这些富人，他们有一个如影随形而又强有力的隐形"俱乐部"，那就是他们与朋友和同事间的关系网！

我更加意识到，"贫穷"绝不仅仅意味着缺钱，它更意味着你没有办法跟那些可以帮助你成功的人有任何联系。

我开始相信，生活从某种角度讲是一种游戏——比如高尔夫，那些能把握游戏规则的人，可以玩得很成功。在生活中有着一条亘古不变的规则，那就是，一个人如果因为合适的契机认识了合适的人，并且最大限度利用这种关系，那么他就成为这个隐形"俱乐部"的一员，不管他以前是球童或是其他什么不起眼的角色。

能够认识到这些有着深远的意义。我意识到一件事——你不能一个人到达目的地。实际上，你一个人根本就走不了多远。幸运的是，我渴望有所成就，我会思考，否则，我就只能以一个球童的身份永远站在一边了。

首先我从服务过的客人Jone那里认识到"关系"不可思议的力量——

我的服务虽然算不上事无巨细，却也是尽量做到全面。我会提前沿着球场走一遍，查看定位点的位置，试验每一个坡度的球速及方向。我尽全力让他赢得每场比赛。而他则会在他的朋友面前吹嘘我。很快，就有其他人来请我了。

后面的几年时间，我与Jone维持着良好的关系，他则帮助我认识了俱乐部中每一个可以帮助我的人。我在高尔夫球场上帮助他，他为了感谢我的努力和付出，则在生活中给我帮助。

一个人能否改变命运，与阶级毫无关系。有些人用金钱来打开门路，而我用主动和干劲赢得机遇。

Jone在与人交往这方面给我上了简单但意义深远的一课，当你帮助别人的时候，他们常常也会帮助你。

无独有偶，我与Jone的互帮互助让我想起了一个著名作家的例子。

早年，钱钟书生活窘迫过一阵子。

他辞退了保姆，由夫人杨绛操持家务。当时，他正在上海写《围城》，一家人艰难度日。

恰巧,著名导演黄佐临编排了杨绛的喜剧《称心如意》和《弄假成真》，并及时向他们支付了酬金，才使钱钟书一家人渡过了难关。

多年以后，黄佐临的女儿黄蜀芹开拍电视剧《围城》，之所以一帆风顺，就是因为她父亲写给钱钟书的一封亲笔信发挥了作用。

一般我们用"互惠"这个美化了的词来形容上面案例中那永恒的原则。通过这些直接或间接的例子，让我认识到，与其他人来往可以改变人们的生活。

我身边的其他同学所欠缺的，正是培养和建立关系的技巧和策略。

我认识到真正的"关系"在于如何想办法让其他人更成功，努力地去"付出"而不是"索取"。我相信这个宽厚的哲学观点背后一定存在着一连串的坚实原理来支撑。

这些原则将最终帮助我取得原以为无法达到的成功。它们将带给我一些机会，它们会在我失败的时候伸出援手。

当我离开学校后，我加盟了一家不错的公司，成为一名顾问，这是我的第一份工作。

按照传统标准，我是一个糟糕的顾问，面对电子表格，面对像海水一样涌来的数据，我感到茫然无措。但我依然努力尝试去做，真的努力了，但我就是做不到。我非常厌烦，我很清楚这是致命的，这样下去肯定会被解雇。

不过幸运的是，当时我已经应用了一些人际关系原则。

在业余时间，当我不用再为那些充斥着数据的工作表痛苦时，我开始联络我以前的同学、教授、老板，或者任何可能从公司受益的人。周末，我会举行一些小的会议针对各种主题发表演讲，我这么做，是为我的公司宣传并且招徕新生意。

后来，公司知道了我业余时所进行的一切活动。

但公司并没有因此解雇我，而是让我做了市场总监的助理，继续我之前做的事情：发展生意，代表公司发言，与媒体和商界打交道以加强公司在商贸界的影响力。

当我的职业生涯充满艰难时，我建立的人际关系网给我带来转机。这些助我成功的最根本的"软"技巧，别人也可以学习，并从中受益：

- 与他人建立联系永远不会令人厌烦。虽然有时会很耗时间，也可能会很费力气，但你不断地了解自身，了解他人，同时了解生意以及整个世界，这种感觉非常棒。
- 一个由良好关系驱动的事业对你所在的公司也非常有好处，因为所有人都受益于你的成长，是你所带来的价值使得人们想与你合作。当你的同事和公司与你一起分享你的进步时，你将会拥有很大的满足感。
- 终身企业雇用已经不存在了，我们现在都是自由的行动者，在多个工作和公司之间成就我们自己的事业。曾经由组织、单位所提供的忠诚和保障，我们的关系网也可以提供。而且，当今世界，基本的硬通货是信息，因此一个范围广阔的关系网是使我们成为各自领域思想领跑者的最可靠方法之一。

现在，我的通讯录里保存了过千人的电话号码，当我拨通电话，他们就会在电话那边提供专业意见、帮助、鼓励、支持和关心。

没有人能够孤军奋战，我所认识的成功人士，也不全是特别有天赋，也并非个个受过高等教育，也不都具有超常魅力。但是，他们都有一个可以依靠的小圈子，这个小圈子由可信的、有才能的、有灵感的人们组成。在这个圈子里，人们要互惠互利，你不能仅仅为自己考虑，还要替他人考虑。

每个人都具备发展自我"关系网"的能力，你也可以成为一个交际圈的中心，这个交际圈可以帮助你的人生取得成功。

── 人际关系基本规则 ──

- 打造一个你专有的"智囊团"

找到愿意尽责帮助你的有识之士，他们就是你的"智囊团"。

- 建立长期的人脉网络

在用到别人之前就保持联系，重要的是把这些人当做朋友，而不是潜在的客户。

- 乐于索取可以创造出机遇

你应当像乐于帮助别人一样，乐于向他人索取。但是要做好别人说"不"的打算。

- 尽量不要独自用餐

吃饭时非常易于轻松地交流。和别人一起吃，是交际的有效方法。

- 试着联系完全陌生的人

当你需要给陌生人打电话时，你多少都会有些惧怕，只管硬着头皮，只想着自己会成功。去认识一个新人是挑战，也是机遇。

- 坚持

如果你与他人联系，别人没有回音，你要继续与他们联系。你要做主动，甚至是侵略性的一方。

- 与交际高手保持联系

有一些人比我们认识的人多得多，这些人是各个网络的核心，你如果能和这些人交友，就能与上千人建立联系。

- 与其他人交换人脉

扩大你朋友圈的最有效的方法，就是把你的圈子与别人的圈子相连。

主动和比你优秀的人交往

一个人的成功，只能来自他所在的人群和所处的社会。在现实生活中，你和谁在一起确实很重要，它甚至能改变你的成长轨迹，决定你的人生荣辱。

现实生活中，你仔细观察就会发现：有钱人的朋友一般都是那些达官贵人、有身份、有地位、社会资源极其丰富的人，而穷人的朋友大多还是另一些穷人。

所以说，穷和富不是没有缘由的。

还有一句话，说出了很多人的心声：再穷也要站到富人堆里。为什么呢？因为和富人做朋友，你就会在潜移默化中学习他们为人处世的方法，了解他们的思维方式，进而让自己也具备富人的素质。

也就是说，你和谁交往，在很大程度上决定了你会成为什么样的人。

Michelle是一位青年演员，刚刚在电视上崭露头角。他英俊潇洒，很有天赋，演技也很好，开始时扮演小配角，现在已成为主要角色演员。

为了进一步提高知名度，他需要有人为他包装和宣传。因此他需要有一个公关公司为他在各种报纸杂志上刊登他的照片和有关他的文章，不过，要建立这样的公司，Michelle拿不出那么多钱来。

偶然的一次机会，他遇上了Lisa。

Lisa曾经在一家一流的公关公司工作了好多年，她不仅熟知业务，而且也有较好的人缘。几个月前，她自己开办了一家公关公司，并希望能够打入非常有利可图的公共娱乐领域。

　　但是到目前为止，由于她名气不够大，一些比较出名的演员、歌手都不相信她，不愿同她合作，她的生意主要靠一些小买卖维持。

　　Michelle却很看重Lisa的能力和人脉资源，不久，他们便签订了合同，Lisa成了Michelle的代理人，她为他提供出头露面所需要的经费。

　　后来，他们的合作达到了最佳境界。随着Michelle在电视剧中频繁出镜，Lisa让一些较有影响的报纸和杂志把眼光盯在他身上。这样一来，她自己也变得出名了，并很快为一些有名望的人提供社交娱乐服务，他们付给她很高的报酬。而Michelle，不仅不必为自己的知名度花大笔的钱，而且随着名声的扩大，也使自己在业务活动中处于一种更有利的地位。

　　Michelle发现了Lisa身上所蕴藏的不为人知的财富，即使Lisa当时并没有显示出惊人的魄力，而事实上，正是这个别人眼中的弱者满足了Michelle的需要，为他带来了巨大的声誉和财富。

　　不要忽视你遇到的任何人，因为，在人生道路上，你并不知道前面有什么在等待着你，你也不知道向你伸出的手中，哪一双有足够的力量支撑你。带着慧眼去认人识人，发现那些能够助你一臂之力的人。

　　任何人际关系，无论是私人交往，还是业务关系，如果它是以成年人的那种互利的观念来支配的话，对双方来说只会有益。

　　所以，不要轻视你所遇到的任何人，即使他目前处于不利的境遇中，你也不要忽视他身上的潜能。

　　任何人如果想成为一个行业的领袖，或者在某项事业上获得巨大的成功，最快的捷径就是借用人际关系，即使是那些目前看来并无闪光之处的人也可能有巨大的潜力可以供你使用，你所要做的，是竭尽所能去认识他。

　　一个人是完不成大合唱的，必须借助众人的力量。想成大事者，最重要的能力是要会打"借"字牌，从他人那里获得资源、获得力量。

一旦你已经清楚了自己的任务，知道要达到怎样的目标，那么接下来你要明确的是：谁才是那个能帮你达成目标的"贵人"。

如何成功地组织和处理你所得到的信息，对你个人事业的兴旺发达起着至关重要的作用。要想跟别人成为亲密的朋友，你就要做准备工作——去搜集那些已经认识的或者想要认识的人的情况，但是这么做往往会导致你脑子里堆积过多的毫无头绪的信息。

那么接下来该怎么办呢？你只需用一张纸一支笔，把脑子里的那些信息列个单子出来看看，就足以应付你的社交生活了。

当你列这些表的时候，最重要的一个原则就是：不要只是写出这些公司或者机构的名字，而是要确定那些真正有决策权的人是谁。这么做的目的就是要把这个名单写得精确而易读。刚开始的时候，可以把你关系网里已有的那些人先写在上面，譬如：

- 你的亲属
- 你朋友的亲属
- 你的伴侣的亲戚和朋友
- 目前的同事
- 专业机构或者社会团体里的好友
- 现有的和曾经的你的顾客
- 你家孩子朋友的父母
- 邻居，包括以前的和现在的
- 过去的同学
- 以前的同事
- 以前的老师和老板
- 你社交圈里的朋友
- 为你提供服务的人

接下来，你就把这些人的名字集中起来存到"我的资料库"里。然后再把这些人的联系方式按所属地区分类存到通讯录里，分成两类："我已经认识的"和"我想要去认识的"。然后当你到了某一个地方的时候，你就尽可能地给人打电话。

有一次我出差的时候，一天之内打了400多个电话。

有趣的是，我打给这么多人，其中有很大一部分人的名字在他们还没认识我以前就早已出现在我列的名单上了。

我会把联系人的号码同时存在我的电脑和手机里，这两个东西有它们独特而重要的功能，所以都要存一份。

另外我还会把通讯录打印出来，不管走到哪儿都随身携带。

在来往于各个会议的路途上，我的精力都放在了这些东西上面，仿佛我的内心有一种力量在驱使着我去和外界联系。

其实你组织这些列表的方法不一定非得是固定的，你往往可以根据不同情况来给它们分一分类，比如按地区、按行业、按照活动爱好分类，或者分成一般的熟人和朋友，等等，各种情况都行。

往你的名单里添加新人的时候有一个简单的方法，那就是到那些合适的地方去找这些人。

陈勇是一名游戏行业业内的资深市场总监，他加入第一家游戏公司的时候，也不知道如何找到客户。

一个偶然的机会，他翻看了所有那些与游戏业沾边的商业杂志，如果在里边看到什么人正好跟他们公司的产品范畴相关的话，就把那个人的名字写到他自己的名单里，然后再去查一查他的联系方式。

后来，他就靠这一招打开了通向成功的道路。

当你想要去认识某个行业的什么人的时候，一个最好办法就是去参考别人手里的名单——确实有效而简便。比如报纸和杂志上总是列有这样的名单。

举个例子来说，陈勇个人收集的名单就来自那些"最佳新人榜"、"最佳商人榜"和"最上进企业家榜"等，所有这种名单不论在国内还是国外的各个行业里都会有罗列。

不过，他说光是能认识这些他所处行业里的"名角"还是不够，能够成为这些人中的一员才是他的最终目标。

因为"最佳新人榜"上的人不一定就是最成功的新人，其实更可能是人际关系最多的人。榜上的每一个人很可能都和榜上的其他人多次坐在一起吃过饭。当他能够认识这些人，然后再认识他们所熟识的其他人——包括负责写这个榜的那些记者的时候，他就很可能会成为下一期名单中的一员了。

一个人的价值，很大程度上取决于他经常交往的人，也就是他的人际关系。

你不妨了解一下身边的成功人士，算算他的身价。办法很简单，只要找出他身边最要好的几个朋友，将他们的薪资平均，那么这位成功人士的"价值"就算出来了。

你还可以猜猜，和比尔·盖茨先生关系最好的三个朋友是谁。其中之一，便是同样大名鼎鼎的巴菲特。你可以将他们的工资平均一下，是不是跟比尔·盖茨的工资相差无几呢？

如果你没有显赫的家世，没有傲人的学历，也没有娶到亿万富豪的千金小姐，或是嫁给身价过亿的有钱男人。那么，你还有另外一种选择，可以改变自己的人生命运，那就是从现在开始积极主动地和比你优秀的人交往，累积你的人脉，并将人脉的力量最大限度地发挥出来。

用不了多久，你就能发现自己获得了突飞猛进的发展。没错，这就是"选择性交往"带给你的好处。

人际关系基本规则

- **结识身价高的人**

想要迅速出人头地，提升自己的身价，唯有去认识那些身价高的人。

你一定要让自己明白，在这个现实的世界里，一个或是几个关键朋友就是改变你命运的稻草。因此，想成功，想改变命运，就要认识有能力让你成功、有本事为你改变命运的人。

- 挖掘人脉中蕴藏的巨大潜能

特别是对于那些决心成为某个行业或某一领域顶尖人物的人来说，如果你能够将人脉的威力发挥到极致，那么你前进途中的困难就变得微不足道。你越是想出名，越是想拔尖，你就越需要挖掘人脉中潜藏的巨大力量。

要过什么样的生活由你自己决定

"你能告诉我，我该走哪条路吗？"

"那要看你想去哪儿了。"那只猫说。

"我并不是很关心去哪儿——"爱丽丝说。

"那么你选哪条路都无关紧要了。"那只猫说。

——《爱丽丝梦游仙境》

你有没有见过某些年轻人在失业的时候一头扎进各种招聘会和商业会议中，拼命地要名片，发简历，联系能联系到的所有亲朋好友来帮忙？这种时候他才想起来自己原来还是需要有一个交际网的。好像所谓的交际网就是当你急需别人帮忙的时候，才会想到的一个东西。

实际上，每个人都有一个圈子，里边有你的商业伙伴和良师益友，但是你必须在动用这些关系之前就把所有的人都紧紧团结住，未雨绸缪才是正道，临时抱佛脚是不行的。

生活中，我们会与许多人相识，在这个过程中，许多问题必须多加注意，比如"你见到的人是谁"、"你们是怎么认识的"以及"你给别人留下的印象如何"。

丘吉尔曾经说过:"做好充分的准备,即便不能让你成为天才,至少也会使你看上去像是个天才。"

所以每次结识陌生人之前,你都要先弄明白这个人是谁,是干什么的。心理学家发现有一些问题对每个人都很重要,这些问题就是:他在工作或者生活中有什么爱好?遇到了什么挑战?想要达到什么样的目标?

因此在会面之前,你应该准备一页纸,大概记下这个人的基本情况。这张纸上要记录的东西应该包含以下问题:他本质上是一个怎样的人?这个人坚持怎样的原则?有过什么傲人的成就?

当然,如果你想要和某个人建立一种稳定的关系,你还应该关注他所在企业的一些新情况。比如这个人在上个季度工作得好不好,或者他们公司有没有什么新的产品,等等。

因为每个人都会自然而然地关注他所从事的行业,而且这种关注往往比对其他事情的关注要更多。如果你能先了解他们所属圈子里足够多的信息,然后跟他们说一些很内行的话,他们立刻就会对你产生结交的兴趣,因为人最深层的本性就是渴望被他人欣赏。

在当今社会,想要粗浅地了解他人的情况是非常容易的。我们可以从下面几个方面开始入手:

首先是上互联网,一定要先核对他所在公司的网站,再用 Google 或百度这样的搜索引擎查一查他个人的简历。如果不事先对情况有所了解就贸然地去跟别人见面,那是不合适的。

然后是去公共图书馆,你可以在这里找到一些书籍、期刊杂志或者商业日志等相关资料,查一查有没有你要去见的人所写的文章,或者是与其相关的内容。如果没有的话,那就再去网上找一些与他所从事的行业或者工作有关的材料,认真地读一下。

最后是学会看公司年报,在年报里你可以很好地了解到一个公司的发展方向,还可以知道它正面临的机遇或挑战是什么。

当然，要建立一种比较牢靠的社交关系，不是一朝一夕能完成的，所以光靠临时抱佛脚是不够的。一种成熟而稳定的关系是需要不断维护的，想要得到别人的信任和帮助必须靠自己一点一点地去铺垫。

可以帮助你建立此类交际圈的办法不过就是以下几条：

- 着手去做一件可以得到大家认同的事情，比如创办一个组织或一个项目，这件事情要既能够让你学到新东西还能帮你认识一群新朋友。

当年还没有毕业时，我和我的同学就已经开始尝试咨询行业的事情，当时我们的目的并不是想在毕业后就创办一家咨询公司，而是想把我们的知识和热情投入到工作中去。

我们那时得到的报酬不高，但是我们却切实地了解了这个行业的真实信息，学到了可靠的本领，并且认识了一大帮同事和导师，当然还赚了一小笔钱。

- 参与某项你所感兴趣的业余活动或组织，并成为其中的带头者。
- 参加本地的校友会，多花些时间和那些从事你所感兴趣的行业的校友在一起，跟他们成为朋友。
- 在社区活动中选择一项来报名，这个项目必须是你工作之外的事情，这样可以帮你开拓人际交流范围。
- 在生意场上，我们经常说的一句话是：老客户才是好客户！换一句话来说就是，我们那些最成功的单子都是通过以前已经做成单子的老客户带来的。同时，如果你想要认识自己关系圈以外的人的话，老客户的介绍也是一个最佳途径。

做到这以上五点之后，你就可以结识非常多的新人了。从概率角度讲，你认识的人越多，成功的机会就越多，同时在你职业发展中的关键时刻得到的帮助也就越多。

不知你是否注意到，所有这些方法的第一步都是一样的，那就是你得先从自己认识的人开始发展，才能认识很多之前不认识的人。

所以你必须首先关注自己目前的人脉网络，比如老同学、亲戚、朋友的朋友等。我怀疑，大部分人在达成自己目标的过程中从来都没有问过自己的侄女、外甥、连襟等这样的亲戚是否认识一些可以帮得上忙的人。其实，从你的亲戚到邻居甚至是门卫，每个人都可以带你认识一大群你之前没见过的人，每个熟人就是一扇大门，打开后就会发现一个新的人脉宝藏。

这时候，你再想想看，你是不是已经充分利用到了你所有的人际关系呢？你是不是和大多数人一样，你的交际圈在自己眼中就是很明确地记在常用通讯录上的那几个人？这个圈子包括你的密友、同事、商业伙伴等，总之是那些关系明确、身份清晰的人。

如果是这样的话，可以说你算是初窥到所谓"人际交往"的端倪了，但是这样的关系网是一种畸形的关系网，在各种明确而清晰的关系背后其实有很多暗藏的未被人发现的机遇被你忽视了。

实际上，你所拥有的潜在人际关系要比你自己所能意识到的大得多。因为通过你所认识的这些人，你可以有无数金子一样珍贵的机会去深入发展联系，不论对方是你所认识的，还是你所不熟悉的，他们每个人都认识另外一群你所不认识的人，这些人就是你的潜在关系网。

想要把已有的人际关系网大幅度激发一下的话，首先需要回答这几个问题。

- 你是否已经清楚了自己父母的好友和联系人的基本情况？
- 还有你的其他亲戚的好友，还有你的同学和校友的好友，这些人你都知道个大概吗？
- 当然，还有你的同事、上下级，甚至健身同伴等，这些人的外延关系你都有所了解吗？

所以说，不要等到失业了或者孤立无援了才想到找人帮忙，我们应该时时刻刻都想着发展自己的人脉。我们应该跟一帮同事和朋友一直维系良好的关系，不要到用到人家的时候才临时抱佛脚。

所以从现在开始就浇灌你的人脉吧，你会发现最有价值的人际财富就在你身边，只要培养，就会发芽。

人际关系基本规则

对于很多人来说，害怕跟他人见面的一个很重要的原因就是害怕在公共场合说话，这种恐惧对于人际交往来说往往是致命的弱点。

战胜这种恐惧的最好办法就是首先要了解这一点：你的胆怯是非常正常的一种心理反应，别人也会有同样的胆怯。然后你要明白，战胜这种胆怯对于你的成功来说是至关重要的。最后要做的就是努力地战胜胆怯。

下边提供几个努力的方向，做到这几点以后你在社交场合就可以大胆地去和陌生人接触了：

- 寻找一位榜样

在人际交往的过程中，我们往往倾向于寻找一些和自己相似的人在一起，比如腼腆的人总是会和腼腆的人交朋友，而外向的又喜欢和外向的聚在一起，这是因为他们下意识地肯定了自己和对方的行为方式。

但是我们每个人可能都曾经意识到，在某个圈子里会有那么一个人，他好像可以跟自己的每个朋友都很合拍。我们要找的就是这样的人物，当你觉得你还没有准备好自己去结交新朋友的时候，那么就可以让这种人来帮你指明道路。

有必要的话，可以在社交场合把他们带在身边，观察他们是怎么和人交往的。观察久了你就会学习到一些他们的技巧，慢慢地你就可以去主动结识他人了。

- 学会说话

在国外，有很多公司发现了一个新的商机，那就是社会上有无数的人正在认识到他们缺乏说话的技巧并且急需解决这个问题。

这些培训公司知道，人们并不是要学习一种面对数千听众演讲的技巧（至少刚开始不是），大多数人只不过想获得一种可以在人前自如表达的自信和一些实用的技巧，从此来克服自己的胆怯罢了。

培训机构并不是简单地给出一些"三日速成"或者"包治百病"的招数，他们往往是给大家创造一些练习说话的机会，在一个没有任何环境威胁的情况下，培训师会引导和推动你去和别人交流。在国外，现在已经有数百家学校和培训机构致力于开展这种培训了。

- 加入团体

你有没有觉得，如果能和一群志同道合的人一起做事是件十分舒心的事情？任何兴趣爱好都是一种加入某个集体的好机会，比方说唱歌、运动或者写作等。

社会上有各种各样的俱乐部，你要做的就是参与进去并成为一名活跃的成员。

当你觉得自己在这类事情上游刃有余之后，那就可以试着成为某个团体里的领导者了。这一步很关键，如果你希望在事业上领导他人，这正是一个合适的锻炼机会。

做到这一点之后你接触他人的机会就会变得越来越多，你的交往能力也就会越来越强。

2 Chapter

成为一个大家都想主动结识的魅力人士

你对自己的了解有多少
你改变，一切就会改变
可以没钱但不能没品位
给人留下良好的第一印象
见不同的人，说不同的话
偶尔戴上面具，会让你的人生更加
　顺利

你对自己的了解有多少

一个人，必须具备什么样的特质才会被人认同、才会被人喜欢？是长相优秀？是家世背景非凡？抑或是对周围的人慷慨大方？我想，这些单一的特质，大概都不是被大家喜欢的重要原因。一个人，如果只是凭借自己某方面的优势，才能讨好周围的人，才能得到大家的认同，那当他的这个优势消失时，别人对他的兴趣也会随之消失。

一个人，是否会被大家喜欢，甚至成为别人希望结识的对象，其外在原因并不是最重要的，重要的是，他是否具有人格魅力，而他自己又是否对这种魅力了然于心、运用自如。

余凡这个小伙子是从农村出来的，学历也不高，只是一个二本毕业生，刚刚进公司的时候，做不了什么实事，只能帮着其他同事打打杂，干着一些其他人都不愿意干的粗活儿、重活儿。

小伙子乍一看上去个子不高，黑黑瘦瘦，家里也没什么背景，整个人憨憨傻傻的。所以，起初也没什么人愿意搭理他。所以，很多时候，即便余凡帮着大伙儿做了些额外的事情，却常常连一个"谢"字都听不到。

但余凡自己却不觉得有什么委屈之处。每天，他都是第一个到办公室的人，当其他同事陆续到来的时候，他都会笑嘻嘻地对他们说："早啊。"然后就一边忙手里的事儿，一边等着其他人喊他帮忙。

说起来，也不知道余凡这孩子是不是天生的木头脑袋。但凡是办公室里的人找他帮忙，他都有求必应。比方说，谁要订午餐，谁的材料要拿去复印，谁的垃圾要倒掉，这些在办公室里看来最不起眼的"小事"，在余凡来了之后，就统统变成了他的分内之事了。

有一天，一个叫任绰的女同事实在看不下去了，就将他拉到一边，好心提醒他说："那些倒垃圾、订午餐之类的小事，你完全用不着理会，这些又不是工作上的事情，凭什么全都要你一个人做？"

没想到，余凡挠了挠头，傻呵呵地笑了笑，回答说："反正我是新人，啥事儿也不会做，这刚进公司，前辈们是看得起我，才找我帮忙做事的，我感谢都来不及，哪儿能往外推呢？再说了，又不是什么了不起的大事，顺便而已，不碍事。"

当他走后，任绰在心里一个劲儿地骂他：真是不开窍的傻蛋，活该被人当佣人使唤。

过了几天，当任绰再次走进办公室的时候，忽然发现余凡的身影消失了。那个整天在办公室忙里忙外、无偿帮助大家打茶水、倒垃圾却都毫无怨言，还整天笑嘻嘻的傻小子就这么忽然不见了。任绰还以为他辞了职，心里不禁感到一阵惆怅。任绰心想，这孩子，别看平时老挂个笑脸，终于还是不甘心做个小杂工，愤然离职了吧。

于是，任绰转身问隔壁的老王："余凡那孩子辞职了吗？他去哪儿了，你知道吗？"

没想到，老王露出一脸奇怪的表情，回答："你不知道吗？总公司的陈经理过来，亲自点明要余凡做他的秘书，那小子，昨天就从人事处拿了档案，高升去啦。"听了老王的话，任绰的心中突然涌出一股羡慕，这小子，运气真好。

几天之后，任绰去总公司办事，中午在楼道碰见了余凡。他开心地向任绰打招呼,并坚持要请她吃饭。他们来到茶餐厅,就座之后,任绰对他说:"恭喜你啊,高升了哦。"

他挠挠头,又露出了一副傻呵呵的笑容,谦逊地回答说:"都是运气呗。其实,我也没别的本事,就是勤快。正好勤快的时候被总经理看见了。"过了一会儿,余凡又抬起头,一脸严肃地对任绰说:"你知道吗?我家庭条件比不上你们,毕业的大学也不是那么好,我除了勤快一些,在这个公司里没有任何优势。现在,总经理因为这一点看上了我,我觉得自己很幸运,我唯一可以报答他的,也只有更加勤奋努力地工作而已。"

余凡这个其貌不扬的孩子,身上其实是有一种特质的,温和、不计较、谦逊待人、勤奋工作,这样的人其实很容易吸引到高层的注意。因为那种勤奋又谦逊的员工,在任何时候都是被人喜爱的对象,无论是普通同事还是领导。而更重要的是,余凡自己对于这一点非常清楚。

话说回来,一直浑浑噩噩不明事理的人,大概是他周围的同事。这个孩子,从不拒绝他们的任何要求,无论他们怎么使唤他,他依然对他们笑脸相迎。但问题是,当他们还沾沾自喜,以为占到多大便宜的时候,余凡已经凭借自己的这种特质,成功吸引了高层的注意。他高升了,他的同事们却依然在原地踏步。

杨子曾经是公司里骨干级的人物。他性格外向,知识渊博,又乐于助人,曾经在公司拥有一大帮铁杆哥们儿,因为他工作得力,也深得上级赏识。但过不了多久,杨子却发现,公司的同事都渐渐疏远了他,有点什么事儿,也不再找他帮忙,就连公司的领导看他的眼神也是怪怪的。

其实,对杨子来说,这种事情已不是第一次发生了。他每次刚到一个新公司的时候,人缘都特别好,但随着时间的推移,都会发生同事疏远他的事情。然而,思来想去,杨子实在不明白问题究竟出在哪里。

这一天，杨子和一个从小玩到大的哥们儿喝酒，酒过三巡，他郁闷地对哥们儿说："你说，我到底哪儿做得不对，一开始不都挺好的嘛，现在大家都疏远我，看见我就像看见瘟神一样。"

哥们儿看着他，看了半晌，问道："难道你真的不明白原因吗？"

杨子摇摇头，困惑地说："我对他们都挺好的呀，每次他们找我，我都去帮忙，也没见人说我不好啊。"

哥们儿叹了口气，回答道："看来你是真的不知道啊。你有个毛病，实在让人受不了。"看着杨子疑惑的眼神，哥们儿又开口说道："你难道不觉得，自己经常会强人所难吗？上次小李都说了家里有事，你非拉他一起去KTV，还说不去以后就不跟他说话，不去就是不给你面子，害得人家晚回家和老婆大吵一架。还有，上次你们公司捐款的时候，小王明明家里有困难，不想捐，你却不分青红皂白，当着众人的面把他给数落了一顿，逼得他把那个月的餐费都给捐出来了，结果整整吃了一个月的泡面……"

杨子听得目瞪口呆，他惊讶地辩解说："我还以为大家都是兄弟，这么点小事儿不算什么呢。"

哥们儿重重地叹了口气，又说："实话跟你说吧，今天，我本来就跟你说过了，我家里有事儿，不能来陪你喝酒，但你非跟我说，今天你很郁闷，一定要喝，不喝就不是兄弟。你看，我现在必须走了，我老婆已经打了10个电话过来了。兄弟，不好意思啊，哥们儿不能陪你了……"

杨子看着兄弟的背影，直愣愣地发呆，他不明白，为什么以前从来没人跟他说过这些话呢？

杨子虽然性格外向，跟人自来熟，起初也能跟大家打成一片，但这种强人所难的个性，无法被周围的人所接受。杨子却对自己的这种行为毫不自知，还自认为跟人是好兄弟、好朋友，结果被人排斥了也不知道。

人，贵在有自知之明。人有优点不是什么稀罕事儿，但如果没有自知之明，优点再多也无法掩盖缺点。有的人，几乎满身都是优点，能歌善舞，能说会道，能写会画，但偏偏就是不讨人喜欢。

为什么呢？往往就是因为他虽然优点甚多，却偏偏对自己的缺点一无所知，当别人排斥他、讨厌他的时候，他却还端着架子说"你们不喜欢我，是因为你们不懂得欣赏我，跟我不是一类人"之类的话。

试想，这样的人，即使他再优秀，再有魅力，又有多少人愿意主动结识他呢？恐怕遇见这样的人，只能感慨一声：道不同，不相为谋了。

人际关系基本规则

- **发挥自己的魅力**

一个人能否引起别人的注意，并不在于他的魅力有多大，而在于他对于自身魅力了解得有多么透彻。这样的人，他深知自己的优点和缺点，能将哪怕只是很微小的一点优势发挥到极致。而正是这一点极致的优势，能让他从众人中脱颖而出，落到贵人的眼中。

- **改掉自己的缺点**

当你觉得自己还是一个不错的人，却依然得不到别人的肯定，也无法吸引到更多人重视的时候，你不妨对着镜子问问自己，你究竟有哪些地方还做得不够好，又有哪些地方，让人无法亲近你、接受你。

- **善于表达自己**

一个人，只有对自己了解得足够深刻，才能将自己的优点和魅力完全展露在他人的面前，才能获得他人的认同和喜爱。

你改变，一切就会改变

很多人，每当遇到困难时，总在抱怨身边的种种不平之事。比如工资太低，就抱怨老板太抠门。比如和同事吵架，就抱怨对方性格太差。再比如遇见生活中的一些不平事，就抱怨身边的人老给他添麻烦。

就这样，这些人整天抱怨周围的世界，抱怨周围的人，生活却一点也不见起色。他们依然贫穷，依然不受人待见，依然整天在糟糕的心情中度过。不知道当他在抱怨世界的时候是否想过，他的生活环境，或是工作环境并没有问题，需要改变的恰恰是他自己。

曾经一个偶然的机会，我认识了一个朋友，在我们刚认识的时候，他没有一天是开心的。他在一个公司待了10年，做的是最累的活儿，拿的是地板工资。10年了，他的薪水只涨过1次，从600元涨到800元。

他的妻子嫌他没本事，带着儿子投进了另一个男人的怀抱。他的老板也觉得他能力低下，是个累赘，但又觉得他十分可怜，就让他勉强留在了公司。他的同事也全都不待见他，生怕他将霉运传给了他们。每次当这些同事在街上遇见他，连个点头示好的动作都没有，就当他是透明的，都假装没有看见他。

认识这个人，也是个偶然的机会。那一天，他站在马路中间，神情恍惚，当我的车开到他面前时，他突然猛力往前一冲，就倒在了我的车轮下。幸亏我刹车及时，不然他就命丧黄泉了。

当我下车将他从地上拉起时，他突然失声痛哭："你为什么不撞死我算了！你撞死了我，我就解脱了。"我见他没事，又见他哭得可怜，就将他请到了附近的餐厅，点了两瓶啤酒，和他边喝边聊起来。

他一直诉苦，痛斥他的妻子，他的老板，还有他那不公的命运。他说："为什么世界对我这么不公平！我一直老老实实做事，一直没有做过对不起别人的事。我只是遇上了抠门的老板，我只是没什么学历，难道这也有错吗？"

我摇摇头，对他说："其实，你也不能这么想。这样吧，你试着，以后在同事面前多笑笑，不要老是绷个脸，看见老板的时候，也不要总是向他诉苦。你乐观些，生活会好起来的。"

他看着我，疑惑地问道："这样行吗？"然后又一咬牙，说道，"反正都这样了，死马当活马医吧。"

临走时，我递给他一张名片，让他随时打我电话。

几个月之后，当我都快忘记这个人的时候，却突然接到了他的电话。电话中，他的声音听起来很高兴："你知道吗？老板给我加工资了！然后我明天还要参加公司的旅游活动，10年了啊，我第一次有机会参加这种活动，你的方法真灵。"

我笑笑，从心底祝福了他。这个方法当然会灵。一个从心底悲观的人，周围的人看到他的时候，也不会喜欢他。他所表露出来的悲观情绪，会影响到周围的人，这会让他的人际关系变得非常糟糕，也会让他的生活变得非常糟糕。

可是，如果他学会了用微笑和他人交流，别人也会对他报以微笑。有时候，我们不得不承认，生活悲惨，人际关系差劲，往往并不是因为你周围的人有多么糟糕，而是因为你对待他们的方式实在是太过糟糕了。

再来说说我认识的另外一个人吧，那是一个同事的女儿，她的名字叫明子。明子是一个刚毕业的大学生，也不知道究竟是个性太过强硬，还是待人处事的方式不对，明子毕业之后，三年内换了多少个公司，就连她自己也数不过来了。

明子每一次离开公司的理由，都是因为和同事发生了矛盾。但每一次事后，她都会将所有的责任推到同事身上。

"明明就是她喜欢多管闲事，跑来挑我的不是。"记得最后一次辞职的时候，明子这样委屈地跟她父亲解释道。

"你自己也有错，难道就不能好好想想自己的问题究竟在哪里？"父亲恼怒地批评她，"都已经因为和人吵架跳槽四次了，你为什么就不能忍一忍？"

但明子却没有将父亲的话放在心上,她依然认为,工作得不开心,就应该换一个工作环境,没有必要勉强自己和不喜欢的人一起工作。

所以,一直到现在,明子依然没有找到自己喜欢的工作,也没有找到和自己志趣相投的同事。

如果你在生活中细心观察,就一定会发现这样一种状况。当我们偏执地认为我们过得不够好、我们不太受人欢迎,都是因为别人和我们性格不和,都是因为别人与我们"道不同,不相为谋"时,无论我们如何寻找新的环境、新的朋友,我们的境遇都不会得到任何改变。

所以,那些一直坐在家中拿着微薄的最低保障,却一直抱怨社会不公、抱怨人情淡薄的人,是注定无法走出贫困的怪圈的。因为,当他们一直只着眼于自己的世界,着眼于与自己同样境遇的朋友时,他们注定无法吸引到另一些人的注意,也必定无法交到对自己有帮助的朋友。

人际关系基本规则

- 经常反省自己

当你经常与身边的朋友发生争执,当你经常被人形容为"无法好好相处的人",当你坐在聚会中的冷板凳上,却没有一个人愿意走过来邀请你跳舞或聊天,当你发现自己的交际圈子越来越小、朋友越来越少时,你需要改变的,一定不是你现在身处的环境。因为,当所有的人都不愿与你交往时,你就应该好好问问自己,你究竟还有哪里做得不够好。

- 从主观上改变自己

试着改变一下自己吧。即使心情不好时,也要穿得光鲜亮丽,灰暗的色彩会让自己和他人变得更加抑郁。无论这个人是否与你曾经发生过矛盾,在碰见他的时候,一定要用响亮的声音,先向对方打招呼。响亮的"招呼"会给人一种被重视的感觉,也会让对方对你产生好感,你们之前冷漠的关系,也会因为这一声短短的"招呼"变得热乎起来。

- 你才是唯一的主角

学着改变一下自己。你必须知道，对于你的人生，你才是唯一的主角，当你这个主角改变了，一切才会随之改变。

可以没钱但不能没品位

如果我问你，这个世界上最令人讨厌的人是哪种人，你会怎么回答？你或许会说，最讨厌的人，是没有道德的人，是不孝顺的人，是性格偏执又不听人劝告的人，是明明没有品位却厚着脸皮吹嘘自己的人。

没错，世界上最令人讨厌的人，并不是没钱没背景的穷人，而是一些道德不够高尚，品位又极差的人。一个人，如果待人谦和、彬彬有礼，对生活也有着独特的品位，这样的人，即便无钱无势，也是大家争相结交的对象。

几个月前，我认识了一位"作家"朋友，说是作家，其实也不太出名，只不过是每个月给报刊杂志写点散稿，维持一下基本的生活费用。

认识他的时候，我们相见恨晚，许多理念都谈到了一块儿。过了些时日，我们更相熟一些，他盛情邀请我去他家做客。我推脱不过，就去了。

来到他家，我不禁有些惊讶，按照我原先的想法，一个单身男子的家里，应该是满屋都扔着臭袜子，杂物也不会摆放得特别整齐，地面上也必定会散落着各式各样的物品。但是，这位"作家"的家，却着实让我大吃了一惊。

房间虽不大，大约只有50平方米，却收拾得整整齐齐。鞋子整整齐齐地放置在一个藤条编制的鞋架上，看起来明显和外面卖的成品鞋架不一样。古香古色的书架，竟然也是几根粗壮的藤条扭在一起，再在中间搭了几个渔网样的东西，整排的世界名著搁在上面，看上去非常别致。

他看我盯着那书架目不转睛，笑着对我说："怎么样，我从乡下弄回的千年老藤，自己刷的清漆。就是运回来麻烦了点。"

我惊讶道："这是你做的？"

他微笑着点点头，说："这房间里的家具，除了床和衣柜以外，都是我自己找材料做的。反正平时闲着也没事，下乡采访的时候，看着别致的东西，就顺便带了回来。"

接着，他又顺手拿了把藤椅过来，让我坐下，又说："你喝红茶吗？我这次去安徽，带了上好的祁门红茶回来，给你尝尝，你先坐。"

没过多久，我忽然闻到了一股浓郁的红茶香味，跟我平时喝的袋泡茶完全不同。那带香气的杯子还未端至眼前，身体就顿时感到了一阵温暖。我看见，他在客厅里支了一个小小的茶盘，茶盘里放着一套精美的白瓷茶具，而那沁人心脾的茶香就是从白瓷壶里飘出来的。

他将我请到客厅，坐到了地板上的蒲团中。然后开始给我讲祁门红茶的历史。整个下午，我在一个非常别致的房间中，喝了一次非常别致的茶，这让我一直很难忘怀。

后来，听人说，那个作家，其实收入并不算低，只是他将自己的大部分收入都捐献给了山区最贫困的学生，而他自己的爱好也只是一点茶道。不过，正是因为他品位高雅、独特，很多有钱的老板都想结识他，想请他去做企业的文化顾问，他的朋友也非常多，经常在那小小的一居室中以茶会友，谈笑江湖。

这种人生，着实让人羡慕。这种豁达又有品味的人，即便身无分文，也会吸引无数的人慕名而来。这是一种魅力，是一种金钱无法赋予的魅力。你不得不承认，在这个世界上确实有金钱无法办到的事情。

雯雯是一个富商的女儿，她生来就不愁吃穿，过着像公主一样的生活。雯雯的父亲从前在批发市场从事服装生意，后来机缘巧合，做起了地产生意，家里的收入突飞猛进，很快就步入了千万富翁的水平。

自从家里的钱多了起来，父亲就对雯雯这个独生女儿百依百顺。或许是因为要忙生意，他没时间陪伴女儿，所以，只要雯雯开口，多少钱他都舍得。

而雯雯的母亲，自从做了阔太太，也就不再管家里的事，而是整天和一帮富太太坐在麻将桌前，码起了长城。

父母都不管她，雯雯自己也乐得自在。反正父亲给的钱多，她也无所谓，天天邀请一帮同学吃吃喝喝。当然，钱都是雯雯出的。

高中毕业之后，富商花了点钱，把雯雯送到了国外的一所大学。雯雯到了国外，富商给的钱就更多了。于是，她每个月都会去商场采购最贵的衣服、鞋子，还有包包。对于雯雯来说，最贵的就是最好的，哪怕一些根本就不是为小女生设计的品牌。

没想到，这一天，当雯雯刚穿上新买的衣服，挎上新买的包包，美滋滋地走在大街上时，却听见身后两个女生窃窃私语起来："你看前面那个女生，搭配得真是老土，一点品位都没有，一看就是大陆来的暴发户。这个牌子，穿在她身上真是浪费。"

雯雯一听，顿时火冒三丈，她猛地回头，想看看究竟是谁在背后说她坏话，却发现，那两个女生正是和她同一个学院的同学，而她们前几天，还曾当面赞扬过她的装扮。

有钱或许会使你的身边多聚集一些朋友，但用钱"召唤"来的朋友，有几个是真心对你好，却不得而知。很多人会碍于你的身份，或是垂涎你的金钱，当面将你捧得好似上了天堂，但当你背过身去，他们的言论或许又将是另一番模样。

所以，世界上最令人讨厌的并不是穷人，世界上最受大家喜欢的，也不会是有钱人。当你的身边缺少朋友时，与其用金钱收买一大批不靠谱的人，不如提升自己的品位，让大家觉得你是独特的、值得学习和交往的，从而认识一些真心朋友。

人际关系基本规则

- 金钱买不到人心

只懂得用金钱去拉拢别人，即使短期内有效，也会逐渐失去人心，甚至被人说成是"暴发户嘴脸"。这是因为，被金钱吸引来的人，其本质也必然是拜金的。若是时日长了，这类人发现并不能从你手中得到任何实质性的好处，他们也会逐渐远离你。

- 和有品位的人做朋友

有品位的人，人们赞赏的是他的特质。人们接近有品位的人，是因为和这种人在一起会感到精神愉悦、神清气爽。物以类聚，和有品位的人待在一起，自己的品位也会潜移默化地提高。

- 提升自己的品位

当你的物质并不是那么富裕，又没有更多的能力获得金钱时，与其着急结识有钱的朋友，不如在暗地里下工夫提升一下自己的品位，比如着装，比如对某种事物的特别爱好。当你的品位达到了一定程度时，自然可以吸引到许多慕名而来的朋友。

给人留下良好的第一印象

在商场里摸爬滚打多年的人都会信奉这么一句话：生意成不成，"头五分钟"占八成。意思是说，当你和一个客户谈生意的时候，头五分钟的时间非常重要。在刚刚见面的前五分钟里，如果你能给对方留下良好的第一印象，那生意基本上就能谈成了，而之后的种种寒暄，也不过都是走过场而已。

事实上，"五分钟法则"不仅在商场里适用，在生活中、职场中同样适用。如果你能在见面的前五分钟给对方留下良好的印象,那你的这个朋友,可算是交定了。

王力今天第一天上班。当他赶到公司时,电梯口已经挤满了一大堆人。当电梯门打开的时候,人们你推我挤,都拼命地往电梯里面涌,生怕自己抢慢了,赶不上电梯,又得等上许久。

王力看了看你推我搡的人群,皱了皱眉头,再一看表,离上班时间还早,于是他挥了挥手,冲着大伙喊道:"大家不要挤,请女士先上。咱们都是顶天立地的男子汉,不跟女士抢电梯,现在离上班时间还早,也不急着这么一会儿。来,来,来,哥们儿都让让,让女士先上。"

那些正在推搡的男人一听王力的喊话,脸都有些红了,他们看着王力那指挥的架势,以为是新来的大厦管理员,于是,都自觉地站到了后面,让前面的女士们先上。当最后一个年龄稍大的女士走进电梯时,王力帮她拦住了即将关闭的电梯门,还冲她微微一笑。

没想到,王力的这个举动,可帮了他的大忙。等他好不容易挤上了下一班电梯,来到新公司的时候,却被董事长直接邀请到她的办公室。当王力来到董事长办公室的时候,定睛一看,原来座位上的那位女士,居然就是刚才最后上电梯的女人。

董事长将王力狠狠地夸奖了一番,还说王力具有当领导的潜质,要他在公司好好干,说日后绝对不会亏待他。

后来,王力果然得到董事长的重用,平步青云。当一个个朋友都向他祝贺,并向他讨教高升的诀窍时,他却笑笑说:"还记得我第一次遇见董事长的时候,是在电梯口,我认出她了,就想好好表现下,留个好印象。没想到,这个印象留得太好了,它对我以后的帮助,是我没有想到的。"

虽然王力的这个"好印象"是刻意留下的,但对于董事长来说,她看见的,却是一个一心为大家着想的有为青年,而这个有为青年,又恰好是她公司的新员工,这怎能让她不欣慰,又怎能让她不开心?这个好印象,即使是王力故意为之,也是他抓对了时机,实在是一个绝顶高明的妙招。

比起王力,李萌萌可能就不是那么幸运了。她是一名广告公司的客户部经理,虽然美其名曰"经理",但其实,老板总会将一些难缠的客户扔给她接待,还勒令她无论如何一定要将客户拿下。

于是,李萌萌不得不不分白天黑夜地为见下一个客户准备资料,有时候甚至要忙到半夜。长久的工作压力和劳累,让她学会了抽烟。对于李萌萌来说,抽烟不仅可以缓解疲劳,还可以为她的工作带来灵感。有时候,如何说服客户,也是需要灵感的。

这一天,李萌萌提前赶到了约定地点和客户见面,她等了大半晌,客户还没有来。这时,她的烟瘾又上来了。她就想,反正客户还没有到,不如先抽一支,提提神,一会儿见到客户来了,就把烟掐了。

想到这,李萌萌就从口袋摸出了一支烟来,开始吞云吐雾。可一根烟还没抽完,客户就如约来到了,她赶紧将烟掐灭,将资料递给了客户。

没想到,客户看了看烟灰缸里的烟蒂,又看了看李萌萌,皱了皱眉头,一句话也没说,接过资料就看了起来。李萌萌对此并没有在意,她见的客户多了,有几个沉默寡言的也并不奇怪。

估摸着客户的资料快要看完了,李萌萌就开始为他讲解起来。没想到,正当她兴致勃勃地跟客户讲述方案时,客户却掏出了手机,发了几条短信,对她说:"小李啊,今天我时间有限,咱们就先谈到这儿吧。以后有时间我再给你打电话。"

李萌萌听客户这么说,也不好强留。可等她回到公司后,却被老板劈头盖脸地骂了一顿。老板对她说:"今天一个大客户投诉你在他面前抽烟。还懂不懂规矩了?我今天就命令你,把你的烟瘾彻底戒掉,不然,你就卷铺盖走人吧!"

一个不经意的小举动，毁掉了一个大单子，当事人却对此毫不自知，须得他人提醒才恍然大悟。可这又能怪谁呢？当一个人对你的第一印象不好时，即便你的这个坏印象是无意留下的，想要在那个人的脑海中消除掉，恐怕也是很难的。

因为，印象这玩意儿，实在是记忆系统最深刻的记录。一旦你给人留下坏印象，恐怕得花上很长时间才能改变他对你的看法了。

那么，我们如何才能在对方心中留下良好的第一印象呢？方法很简单，那就是，无论在何时、何地，只要你还暴露在公众面前，就请将自己的坏习惯统统收起，随时注意自己的言行举止。在交友会客之前，也请多多了解对方的喜好，遵循对方的喜好说话办事。不要以为这是在阳奉阴违，当你在交际之时，能让他人感到开心、愉悦，你就达到了这次交际的目的。否则，只为一己之私让对方留下坏印象，反倒是一种失礼且自私的行为。

人际关系基本规则

在深入交往之前，良好的第一印象是打动对方的武器。我们时常会说："我一直觉得那孩子挺好的呀，第一次见他的时候，他不是挺听话吗？"

我们凭什么判断那是一个乖孩子，就是凭第一印象。我们第一次见到这个孩子，觉得他很乖，在我们的脑海中，就会存在一个"乖"的印象，以后的交往都建立在这第一印象的基础上。

如果你希望能被对方喜欢和接受，不要想方设法讨好他，请他去高消费，而是要对第一次见面多下工夫，让对方第一眼就对你留下好印象。如此，即便你没有跟对方相交甚笃，当对方提到你时，也一定会赞不绝口。

见不同的人，说不同的话

生活中，我们常常遇到这样一种情况。你在某个圈子里混得如鱼得水，说的话句句大家都爱听，但到了另一个圈子之后，却发现行事说话处处都受到阻挠，之前的灵活劲儿完全派不上用场了。

这就要考验你的"说话"水平了。当你遇见不同类型的人时，怎么说、说什么，是值得注意的事情。当你发现原先的交际技巧不灵的时候，是不是应该考虑换一种说话方式呢？

肖强是一名装饰公司的实习设计师，他一直都待在办公室里埋头作图，完全不问工地上的事。这一天，负责工地的主管设计师请假没有上班，为了赶工期，老板就指派肖强去顶那个设计师的班，让他去装修工地走一趟。

肖强一听这话，兴奋得差点跳了起来，一直待在办公室画图，设计出来的东西难免有些天马行空，而这次难得的实地考察，一定能让自己的设计能力飞跃一个台阶。

肖强收拾好东西，去了老板指定的工地。到了工地上，他发现那几个木工都坐在地上休息，房间里的施工进度也停了下来。木工们看见他进来，连眼睛都没斜一下，自顾自地抽起了烟。

肖强有些恼火，但他忍住没有发作。他推了推眼镜，走到一个木工身边，文雅地对他说道："这位师傅，这房间的活儿怎么都停下来了？"

木工瞟了他一眼，回答："休息一下，一会儿再干。"就再也不理会他了。

肖强"哦"了一声，就开始在房间里自顾自地转了起来。不一会儿，他发现衣柜的柜门有些合不上，就跑来跟木工说道："师傅，那衣柜的门合不上，您一会儿能过去看看吗？"

木工伸了个懒腰，点点头，嘴里说道："一会儿就去，一会儿就去。"可屁股还是牢牢地坐在地上，连一点挪动的意思都没有。

正在肖强气得差点跳起来的时候，门口忽然传来了一个声音："老刘，你们怎么还没开工？一天100块钱，你们就这样跟我磨洋工，啊？"

肖强定睛一看，原来是主管设计师回来了。他连忙高兴地跑过去，跟他说了衣柜门的情况。设计师眉头皱了一下，走过去摸了下柜门，就冲着老刘喊了起来："老刘！这柜门你们是怎么做的？我可告诉你啊，客户不满意，这笔钱可是不会付给你的！"

老刘一听，连忙站了起来，他一边朝着这边跑，一边说："这不是还没做完吗，做完了，保证他满意啊。"那个设计师等老刘跑到这边之后，忽然又一改之前凶狠的态度，递了一根烟给老刘，叹了口气，又说："老刘，这可不是我为难你，你也知道，这个客户刁钻，万一被他发现有什么问题，我倒是无所谓，被骂也照样发薪水，你可是会被扣钱的哦。再说了，我这也是为了你好，说到底，大家都是同一条绳上的蚂蚱，怎么着也要帮衬点，对吧。"

老刘点点头，回头叫那几个坐在地上的木工开工。整个下午，他们再也没有偷懒。

在回家的路上，肖强对那个设计师竖起了大拇指，钦佩地对他说："廖工，你可真是厉害，刚才我怎么请他干活，他都不动。"

设计师猛地拍了一下肖强的肩膀，回答："小肖，你还是嫩，就你那样轻言细语地请他，怎么可能请得动？对这样的人说话，就要先敲打，后安抚。见到什么人，就要学会说什么样的话，这一点，你可还得多学学。"

没错，见到什么样的人，就要学会说什么样的话，如果一个人讲道理，那你跟他说上几句有理之话，他必定会听从于你。而对于一个不讲道理的人，则要在一开始就狠狠地敲打他，言语之中透出利害关系，才能达到目的。

这就是与人交际时的最高技巧，见人说"人话"，见神说"神话"。如果你说的话不属于对方那个阶层，或是无法被对方接受，那你的这番交际必定会失败。

我曾经因工作关系结识了一个人，他因为长相俊美，酒量又出奇的好，曾经是一个公司的公关经理。在酒桌上，他几乎战无不胜，被公司领导推崇为身边的得力干将。

但就在前不久，他居然被迫辞职了。他辞职的时候，看上去非常郁闷，当我碰到他时，他便一把抓住我不放，非要请我喝酒，顺便听他诉诉苦水。

一杯酒下肚，他就开始讲述他的不幸遭遇。他说："那天，因为老板有事，我就代替他去招待一位从广州来的客户。在酒桌上我不过就是多劝了客户几杯酒，哪想到回来就被老板痛骂了一顿，然后就把我从公关部调到了行政部，又不让我做任何事情。你说，我到底哪里做错了，他这不是明摆着要赶我走吗？"

我想了想，问他："你是不是劝了客户很多酒？客户是不是不愿意喝？"

他点点头，回答说："是啊，不过也只是一开始他不愿意喝，后来我就跟他说，按我们这儿的规矩，头回见面，三杯酒是肯定要喝的，要是不愿意喝，那就是不给俺们面子。结果，他就喝了三杯，然后就再也不愿意喝了。我后来也没强迫他呀。"

我叹了口气，对他说："你失言啦。你想想，那位客户远道而来，就是给足了你们面子。广东人向来不如我们喝酒豪爽，你这样强迫他，他必定是心里不舒服的。"

他想了想，郁闷地说："可我之前跟客户都这么说，也没出什么事啊。"

我说："之前你跟客户这么说，客户都不跟你计较，那是运气好。但是这一次的客户，你事先了解过吗？你让他给你面子，你又给过他面子吗？你这完全是看错了人，说错了话啊。"

听了我的话，他似懂非懂地点点头，若有所思。

自那次分手之后，我就再也没有见过他了。但他当时一根筋的交际方式，却一直被我作为反面教材讲给别人听。一个做公关的人，怎么可以对着所有的客户都讲同样的话呢？客户的个性，生长的环境差异，这些都是做公关的人需要研究的，若是不能依据客户的特点来制定谈话方案，必然无法打动对方。

所以说，见不同的人，说不同的话，这在交际中非常重要。这并不是阿谀逢迎，而是依照对方的特点，制定不同的谈话方式。比方说，当你遇见一位非常胖的女士时，难道你会贸然地跟她谈减肥话题吗？那必定是会引起反感的。

人际关系基本规则

人常说，病从口入，祸从口出。不会说话、不会看人说话，往往是我们交际不成功的重要原因。即便如此，依然有许多人认为，"见人说'人话'，见神说'神话'"是一种不够坦诚的表现。其实，这是一种完全错误的看法。

在我们的身边，经常会出现一些"臭嘴"的人，这类人必定是惹人厌恶的。

当你出门和朋友约会，或是去见一位重要的人时，一定要想清楚，哪些话是可以说的，哪些话是不适合说出口的。如此一来，你就不会冒犯对方，从而才能赢得对方的喜欢。

偶尔戴上面具，会让你的人生更加顺利

我们每一个人，最向往的生活无非是做自己最喜欢的事，没有任何拘

束，在任何时候，都能展示最真实的自我。但在这个处处都被拘束的社会，完全依照自己的喜好生活，几乎是不可能实现的梦想。相反，在更多时候，偶尔戴上面具，会让你的人生变得更加顺利。

丽莎是一名舞蹈老师，她自小个性强硬，对于已经认定的事情，无论如何都不会改变主意，九头牛也拉不动她。

这一天，丽莎又为了舞蹈排课的事和校长争吵起来。起因很简单，因为校长之前答应了她，将她的课全都排在上午，这样一来，丽莎就可以利用下午的时间出去做些别的事情。

可一阵子之后，教文化课的许老师突然跑来找她，想跟她调课，理由是，上午学生学习文化课，精神状态好。但丽莎就想不通了，她知道，上午的课程，所有的老师都想要，因为如果课程在下午，那一上午的时间就会浪费掉，而上午上完所有的课程之后，下午连着晚上的时间，都能被整块地利用起来。

丽莎不同意换课，两人就只好跑到校长室去找校长理论。校长看看两位骨干老师，露出了一副为难的表情。过了一会儿，他想了想，对丽莎说："丽莎老师，你看，许老师是要给学生上文化课，文化课对我们舞蹈学校其实是很重要的，学生练舞可以挪到下午嘛。你看，马上就要考试了，这样安排也是为了大局着想。"

丽莎听了校长的话，知道反驳无望，她悻悻地走出校长室，出门的时候还横了许老师一眼。自那之后，几乎全校都知道丽莎和许老师不和，而丽莎也不予辩解。有人好心劝她说："你还是和许老师和解了吧，不就换个课的事吗？"

可丽莎不这么想，她反驳对方说："这可不是换课的问题，这根本就是原则性问题。我就是和她不和，和她那种人根本无话可说。"

听了丽莎的话，其他的人也不好再说什么。于是，学校里就经常可以看到这样一种情况，有许老师在的场合，丽莎绝对不去。即使两人面对面碰上了，哪怕许老师一脸笑容地跟她打招呼，丽莎也只是轻轻地"哼"

一声，就急匆匆地走掉了。

没想到，年末评优秀教师奖的时候，丽莎却榜上无名。后来，有人告诉她，她之所以榜上无名，是因为所有的老师都觉得她实在是太不通情达理了。

丽莎其实一直是学校的优秀教师，但她的固执和不通情理，却让人觉得她的情商实在不高。学艺术的人，固然可以用"个性"标榜自己，但在工作中，完全依个性行事，会给她的人生制造很多障碍。我一直在想，如果丽莎愿意隐藏自己的不满，愿意在看见许老师的时候戴个面具，她现在会不会已经被评上了优秀教师，她的职业道路会不会走得更顺利一些呢？

相对于丽莎来说，苏小凡则是比较幸运的一个人。同样是学校的老师，苏小凡不仅和学生的关系非常亲密，就连学校的其他老师都对她赞不绝口，愿意和她一起共事。

苏小凡在课堂上，绝对称得上是一个好老师，她讲课风趣幽默，对学生也从来不骂不罚。当学生犯了错误时，苏小凡还会耐心地关心他们，为他们疏导心理问题。久而久之，学生们都亲切地称呼她为"苏姐姐"，而再也不称呼她"苏老师"了。

苏小凡在同事中的口碑也非常好。因为她落落大方的性格，让同事们觉得她是一个非常容易相处的人。有一个冬天的早上，一个新来的同事赶到办公室后，忽然手脚冰凉，苏小凡主动贡献出了自己的暖手袋，还将自己刚刚泡好的红糖水递给了同事。

但令人不解的是，苏小凡在家中，却是一个安静得出奇的女人。据她最要好的朋友说，苏小凡根本不是一个性格外向的女生，当她一个人待在家中的时候，只会听最宁静的音乐。休息的时候，她从来不会出去逛街，也绝对不到热闹的地方去。但她一到了学校，就像换了个人，和学生打成一片，对身边的事物投入百分之一百二十的热情。

记得我和她刚相识的时候，苏小凡曾对我说："你知道吗？人的一生，有时候会不得不戴上面具，最真实的那个你，未必是大家真正喜欢的那个你。这样的自己，在一人独处时，展现出来就足够了。等你到了大家面前，还是要与大家融为一片，这样，你的人生反而会更轻松一些。"

我一直很赞同她的这些话，有时候，当你戴上面具时，当你与大家融为一片时，你的人生，不是被完全拘束住了，而是会活得更加轻松一些。

现在，是一个提倡彰显个性的时代，但在很多时候，我们所谓的"个性"，其实并不被大家接受和喜爱。怎么办？

如果一味地特立独行，很可能与众人格格不入。当你处于一个不得不与其他人分工合作才能生存的环境时，你认为整天维持最真实的自己，是最好的选择吗？

或许，你从没有想过，一个最最真实的自己，有可能会给自己和他人都带来麻烦。一个太坚持个性的人，会被工作中的伙伴排斥，会被老板训斥为"无法团结同事的人"。当大家都觉得你是一个怪胎，就无法和你共事。你还要坚持最真实的自我吗？你会不会觉得，偶尔戴上一个面具，你的生活会变得更加顺畅一些呢？

人际关系基本规则

面具，其实就跟我们身上穿的衣服一样，是精神上的遮蔽物。就像现代社会不穿衣服就走到大街上的人，会被人认为精神有毛病，一个在精神上不善于佩戴"面具"的人，也会被人指责为情商不高，或是一根肠子通到底，不懂得变通。

当你发现你和任何人都相处得不够和睦时，或许不是你做得不够好，也不是他们做得不够好，而是你缺乏一种忍让、宽容的态度，又或是没有把自己暴躁的本性掩盖起来。当你没有得到上司的重用、没有得到领导的青睐时，或许也不是因为你不够努力，而是由于你没有戴上一副领导喜欢的"面具"，而你的本性，又恰巧是他所不喜欢的类型。

所以，像每天出门都会穿戴不同的服饰一样，当你的本性不够惹人喜爱时，也请为它戴上一副更容易被人接受的"面具"吧。请相信，就如同衣服可以修饰你身体的曲线一般，"面具"也可以修饰你内心的不足，可以让人更加容易接受你、喜爱你。

3 Chapter

看"懂"你身边的每一个人

识人能力决定一个人的得失
通过他虚伪的语言,透视他真实的内心
懂得把握他人心理才是识人的最高境界
一不小心就会被肢体语言出卖
看得透,不说透
感情用事是识人的达摩克利斯之剑
小心背后射出的暗箭

识人能力决定一个人的得失

没有人能隐于世外，无论你走到哪里，都会碰到人。你必须与之相处，因为人无所不在；你必须会识人，因为你永远无法独自成功。

可是，人们常叹人心难测。

有的人一笔业务跟了大半年，不到合同签订的最后时刻不敢肯定合作者的诚意；有的人惴惴不安、惶惶不可终日，也猜不透老板和他谈话的用意；有些人的秘密竟被相识多年的好友透露了出去，成为众人的谈资；更有人谈了三年恋爱，却不知对方早就是已婚人士……

这就是我们生活的世界，充斥着虚伪、欺骗和怀疑。

我们先来看一看那些善于识人的人是怎样避免一场即将到来的灾难的吧！

唐朝的时候，有一个人叫卢杞，跟郭子仪同朝。

卢杞还不得志时，郭子仪已经出将入相，很是风光。他对所有的公卿大臣都很随意，独独对卢杞礼数周到。若遇卢杞来访，他会让家人全撤到后面，自己整整齐齐穿了朝服迎接卢杞。接待中，他也表现得谦恭有礼。

家里人十分不解，一个芝麻大的小官，郭子仪为何要如此礼遇？郭子仪说："这人心术不正但很聪明，又会巴结，迟早有得意之日。若是现在得罪了他，他定会怀恨在心伺机报复。宁可得罪君子，也不可得罪小人啊！"

果然，卢杞后来官至宰相，朝廷中凡是曾触犯了他的官员，都被他想方设法地报复了。郭子仪不曾得罪他，最终得以自保。

生活中，处处有像卢杞一样心术不正之人，稍有不慎，得罪了这类小人，生活就会平添无数烦恼与困扰，唯有练就一双"火眼金睛"，看穿他们的内心，认清他们的本质，才能在生活中游刃有余，进退有据：你可以在众人中不露痕迹地分辨出真朋友还是假朋友；你可以准确无误地判断出上司的意图；你可以在朋友的语调中读出他的隐衷；你可以在对你微笑的人举手投足间发现他的虚假……

刚进这家公司时，那娜还是新人，为了得到公司的认可，那娜几乎成了工作狂，并常常能想出很多新颖的点子来。

那娜的第一次策划得到经理的"有创意、很新颖"的表扬，经理的嘉奖让那娜更加自信大胆地工作。

同事丽丽是那娜的好朋友，在那娜忙得天昏地暗时，她会适时地递上一杯咖啡；那娜加班时她又会送来一盒盒饭；当那娜的两只手恨不得当八只手用的时候，她总是自动拿起材料帮那娜打印好。那娜被她一点一滴的小事所感动。

一次，那娜很满意地完成了一个策划交给经理。谁知第二天经理找到那娜说："那娜，我本来很看重你的才华和敬业精神，没有新点子也没什么，但你不该抄袭其他同事的创意。"经理看那娜一脸的惊讶，递给她一份策划书。天哪，竟然和那娜那份惊人的相似，而策划人竟是丽丽。

面对经理的不满和那娜好朋友的"心血"，那娜哑口无言，因为她没有任何证据证明自己的清白。

在办公室里,像丽丽这一类小人往往都是以领导爱好是瞻,为讨好上司不惜做"间谍",甚至卑躬屈膝,以博求领导的重视与信任。在关键时刻,不动声色窃人成果,以此获得职场成功,或者大拍领导马屁,以掩盖自己实力不济,实现浑水摸鱼。

最危险的马屁精,是圆滑世故的笑面虎——人前对谁都客气有加,人后却两面三刀。

刚接触的时候,这类小人看起来是那么善意,那么友好,对你又那么关心。你一感动可能会把自己的一切都告诉他,而一旦你跟他的利益发生冲突,他就会狠狠地踩你一脚,让你不得翻身。

可是,小人脸上不会写上"小人"两个字,有些小人甚至还长得既帅又漂亮,有口才也有真才,让人难以辨别。

其实,识别小人也是有规律可循的。

俗话说:"眼睛是心灵的窗户。"想要甄别身边的人是否是小人,是否有阴暗心理,可在你遇到好事时,耐心观察某些人的眼睛和面部肌肉等表情。

小人一般因心胸狭窄的缘故,很难与人分享成功的喜悦和收获的满足。当你遇到什么好事时,他会感到失落和不自然。他会冷嘲热讽,看似漫不经心实则暗自嫉妒。

比如你帮他解决了一个大难题,他不会真心感谢你,也不会因此而有快乐的表情,因为他不甘心比你弱势。

……

你必须学会识人,它是自我保护的武器。

一个人的外貌特征、不经意间的肢体动作、话语中的弦外之音等都会泄露他内心的秘密:情感趋向、思维模式、行为方式……在这方面人们总是难于掩饰自己,因为这是人性的自然流露。

但丁在《神曲》中这样说:"一个人在智者面前可要小心呀!他不仅看

清了你的外表行为，就连你内在的思想他也能看清楚呢！"

识人是人际关系中一项最基本的技能，无论你是谁，无论你在生活中扮演着什么样的角色，如果你不精于此道，就会毫无知觉地陷入一个又一个人际关系的"围城"之中，成为众矢之的；同时，由于你的不善"设防"，也会成为他人眼中的"透明人"，因在人前袒露无遗而失去先机。

识人，从而了解人、热爱人，并防范和制伏那些不怀好意的人。这不仅会使你成为更有影响力的老板，更有进取精神的员工，更有吸引力的伴侣或家长，更富于同情心和善解人意的朋友，而且会使你变得更加从容，更加机警，更加敏锐，更加精明和练达，可以让你的人生立于不败之地。

人际关系基本规则

人心真有这么难测吗？听听阿凡提的故事，也许它能告诉我们答案。

有一次，阿凡提对朋友说："你心里想什么我准能猜出来。"
"那你猜猜，我现在在想什么？"朋友问。
"你在想阿凡提肯定猜不出我现在在想什么。"阿凡提回答道。

初看这个故事，阿凡提不过是玩了一个小把戏，深入一想，这不就是人心的奥秘吗？只要抓住对方内心对答案的急切需求，谁都可以把阿凡提故事中的朋友绕进"圈套"中。人活在世，各有所需，有所需自然有所求。因此，只要清楚一个人此时此刻的需求，就一定有办法解读此人的心理。

大量事实证明，人的心理是可以被阅读的。根据人不同的需求，人的心理会随着外在展现出来。一个人的外貌特征、穿着打扮、不经意间的肢体动作、话语中的言外之意都会透露出他内心的秘密。

通过他虚伪的语言，透视他真实的内心

常言道，说话听声，锣鼓听音。通过人们发出的不同声音，说出的不同话语，来透视一个人的内心，是很有道理的。声音可细分为声与音两个方面，既可由声来识人，又可由音来识人。但在实际运用中，通常都是把两者相结合来识别人的心思的。

公交车启动了，你坐在车上百无聊赖。这时，一阵急促的手机铃声响起，前排那位西装革履的男生看了一下来电显示，等了几秒，接起电话。大概是听完了对方的一番寒暄，直接回答道："在家！"过了一会儿，又一阵手机铃声响起，你旁边那位衣着时髦的小姐接起了电话，明明她的目的地是一个距离此地很远的地方，那位小姐却说："亲爱的，还有两三站就到了，你再等一下吧！"

一点儿也不夸张，其实我们每天都生活在欺骗之中。

明明对你恨之入骨的人，却可以对你绽开比花儿还灿烂的笑容。你的邻居表面上称赞你家阳台布置得很别致，实际上她根本看不上眼。

还有些更微不足道的："我刚才在路上堵车了"、"你剪短发还真清爽"、"我刚刚没有注意到你给我打了电话，铃声太小了"。

再者，你焦急地站在某个景区门口，忍不住拿起电话打给那个你等的人："你在哪里了？"对方貌似很歉疚地说："马上，还有十多分钟就到了。不好意思，让你久等了。"你长叹一口气，说："还好，快了。"可你左等右等，再过了40分钟，对方才姗姗来迟。

你无可奈何地多看了几眼你的朋友，又能怎样？你都气炸了，又恢复平静了，他才来。事后，你才开始责怪你的朋友没有信用，不守时。你才觉察你完全可以晚点出门。你等的时间，都可以把家里的清洁做一

遍了。是的，你才反应过来，你被你的朋友"忽悠"了。

但你有没有反省一下，为什么你没有发现他在说"马上，还有十多分钟就到了"时，语速明显变快了？你平时在他身边，他是不是也和你在公交车上遇到的那些人一样不诚实？你为什么没有注意到他平时在说"马上，快到了"时，眼睛会快速眨动呢？

我们如何才能透过对方虚伪的语言，直入对方的内心呢？这就得引入下面的话题了。

语言是日常生活中人与人之间交往、交流、传达各种信息和情感的方式和手段，它所表达的意思是通过人们对发音器官有意识地控制和使用而体现出来的。这种有意识地控制和使用的一个重要对象便是说话的声和气，通过人说话的声和气可以透视一个人的心理活动。

在语言特征中，首推说话速度。

速度快的人，大都能言善辩；速度慢的人，则较为木讷。当然，还得依人的性格与气质而异。不过，在心理学中，所要注意的，便是如何从与平时相异的言谈方式中了解对方心理。

平日能言善辩的人，有时候忽然结结巴巴地说不出话来；相反地，平时木讷、讲话不得要领的人，却突然滔滔不绝地高谈阔论。遇到这种情况，我们应小心，必定发生了什么问题，应仔细观察，以防意外。

说话速度太快的人，会给人一种非常紧张、迫切，发生了非常重大的、紧急的事情的感觉，同时也会让人觉得焦躁、混乱以及些许粗鲁。

说话缓慢的人，会给人一种诚实、诚恳、深思熟虑的感觉，但也会显得犹豫不决、漫不经心，甚至是悲观消极。

大体而言，当言谈速度比平常缓慢时，表示对对方不满或怀有敌意；相反地，当言谈的速度比平常快速时，表示自己有短处或缺点，心里愧疚，言谈内容有虚假。

从心理学的角度看，这种情形是因为，当一个人的内心中有不安或恐惧情绪时，言谈速度便会变快。凭借快速讲述不必要的事情，试图排解隐藏于内心深处的不安与恐惧。但是，由于没有充分的时间让他冷静反省自己，因此，所谈话题内容空洞，遇到敏感的人，便不难窥知其心理的不安状态。

　　柳传志就是一位分辨语速的高手。在联想企业生死攸关的时候，他召开了一次董事会议，敏锐的柳传志发现他的下属在发言中吞吞吐吐，全没有企业家应有的风度，他估计有军心涣散的趋势，立刻宣布散会，接着便及时展开调查，对症下药，挽救了企业的重大变故。

　　其次与说话速度一样可以呈现语言特征的，便是音调。
　　肖邦曾在一家杂志专栏中叙述道："当一个人想反驳对方意见时，最简单的方法就是拉高嗓门——提高音调。"
　　的确如此，人总是希望借着提高音调来壮大声势，并试图压倒对方。在此情况下，也绝对无法接受别人的意见。

　　在有女性参加的座谈会上，如果有人的评述似乎牵扯到某位女士，于是被批评的那位女士便会猛然地发出刺耳的叫声，并像开机关枪似的开始反驳，使得在座者出现哑口无言的场面。

　　除此以外，还有一些总结出来的由说话的声气观察一个人心理活动的规律：
　　在比较正式的场合，说话伊始就先清喉咙的人，多是由于紧张和不安的情绪所致。
　　在说话的过程中不断地清喉咙的人，可能是为了变换说话的语气和声调，还有可能是为了掩饰自己内心的某种焦虑和不安。若只是偶尔一两次，这时多表明他对某一个问题并不是特别认同，还需要仔细认真地考虑。故意清喉咙多是一种警示，是为了表达自己的某种不满情绪，同时也包含着对对方示威的意思，告诉对方自己可能会不客气。

口哨声有时候是一种潇洒或处之泰然的表示，但有的人也会以此来虚张声势，掩饰自己内心的不安情绪。

人际关系基本规则

小时候，母亲告诉过我："怎么样说话比说什么样的话更重要。"几年后，我发觉自己对自己的小侄子说着同样的话。

小侄子的行为提醒我，我们的态度不是经由文字，而是经由讲话的方式表现出来。

每次谈话实际上都会用到两种媒介：一种是使用文字，一种是使用声调。有时候这两者很契合，但通常并非如此。

当你问对方："你好吗？"得到的回答是："很好。"

你通常不会凭这句"很好"来判断他的感受，而会凭他的音调来判断他是真的很好，还是感到沮丧、不安、兴奋。

在你倾听音调、音量、抑扬顿挫等声音特质时，你便已转到非语言交谈的频道了，并能从中发掘真正的意义。

任何听力正常的人都能透过他人说话的声调，探测对方所要传递的信息，但是真能全盘掌握这项信息的人可说是寥寥无几，因为我们和他人交谈的时候，常会因外界的干扰而分心。

我们会打量对方的外观和肢体语言，倾听他的说话内容，观察其举止，难免会忽略对方声音的细微变化。

对方若使用愤怒、悲伤、沮丧的声调传递信息，我们很容易就能察觉出来，但是一闪即逝的不安、恐惧或尴尬，如果不够留神，很可能就会错失。

平时应该多训练自己注意声音的线索，辨识其中的细微差异，因为这也许就是判断对方心理活动的唯一线索。

若能掌握各种声音线索的含义，并仔细聆听，就能响应他人声调中隐藏的信息。你可以依循下列步骤来演练：

- 偶尔在谈话中，把注意力放在声音上，而非言辞上。
- 想想声音所表达的，是自愿还是被动的意思。
- 辨别对方的音调是否异于平常，或是有夸大的倾向。

懂得把握他人心理才是识人的最高境界

很多人以为，看穿人心的最高境界就是轻轻一瞥，便能了解别人在想什么。

其实，这只是表面化的看穿人心，只要不断地学习和练习，累积经验，就可以轻而易举地实现。

但真正的洞察人心，则应该是对人性的深刻觉悟。

其实，看穿人心并不是一件令人愉快的事情。在我们看穿人心的同时，也剥下了被察者身上亮丽的外衣，更多地体察到人性的卑劣与卑鄙。

即使是那些名垂青史的大家也可能因为私利或虚荣，做出伤害他人的事情。

毕加索和勃拉克是同一时代的伟大艺术家，又都是立体主义的创始人。他们一度是形影不离的生死之交。

有一天，勃拉克很沮丧，他把一幅画作坏了，很多人对那幅画的评价都不好。勃拉克自言自语道："真想把这幅画毁掉。"

"别，别毁了它。"毕加索眯着眼睛，在那幅画前踱来踱去，并不停地赞叹，"这幅画真是太棒了！"

勃拉克开始有点将信将疑："真的吗？"毕竟是朋友，又是个行家，毕加索的话让勃拉克动摇了。

"当然，你把它送给我，我拿我的作品与你换，如何？"毕加索很肯定地说。最后,毕加索换回了那幅画。

几天后,一些朋友去勃拉克的画室,他们看到了毕加索的那幅画挂在勃拉克画室最显眼的位置。

勃拉克感动地说:"这是毕加索的作品。他送我的,真是美极了!"

这些朋友也去了毕加索的画室,他们诧异地看见勃拉克的"杰作"与毕加索的名作并排而挂。毕加索语带不屑地介绍:"你们看看,这就是勃拉克画的东西。"

不难听出毕加索的话外之音:"勃拉克的画算什么东西,怎么能跟我的画相提并论?"

现在想来,毕加索眯着眼睛,在勃拉克那幅失败作品前踱来踱去,大加赞赏的行为是不是太险恶了呢?生活中是不是也有人正以这样虚伪的表演来迷惑你呢?

看穿了人心,不要感慨人性的贪婪,也不要愤慨人性的虚荣,这是所有人的通性,每个人都会有。

一个伟大产品的发明离不开对人性的深刻探索。

你可能不知道到底为什么某个产品让你着迷,你也可能不知道为什么一些公司总能制造出你想要的产品。让我们以利用人性弱点的互联网服务为例,看看这些公司到底用什么东西吸引着你。

在人类社会发展的长河中,贪婪也推动了这个社会的进步。有关销售的网站都巧妙地利用了人性的这个弱点,在某种意义上来说,贪婪是推动销售的中坚力量。

无论是团购、点购还是秒杀,该类业务的制胜法宝就是价格极其低廉,设计者巧妙地运用了低价这一特点,充分地激发人类贪婪的本性,让消费者一次次心甘情愿地点击购买。贪婪也浪费了社会的大量资源。

以时下最为火暴的团购网站举例来说,超低价格的诱惑是它最具吸引力的地方。以低至三折甚至一折的价格能享受原本昂贵的产品或服务,这恰恰击中了人性贪婪的弱点,使很多没有消费需求的网友盲目参与团购。

团购网站都巧妙地设定了消费时限，迫使消费者怀有"今天不买明天就错过的心态"，参与了越来越多的团购，在不知不觉中花钱如流水。

结果，贪图便宜的心态导致了很多人在大量团购之后感到很焦虑，因为当初购买了太多的团购券，又没有合适机会去使用，而且已经临近有效期。于是不得不疲惫地奔波于各类商铺中，体验着那些同样也打了折扣的产品和服务。

最近非常流行一种新型的购物形式：点购。

用户可以按照一定价格购买竞拍权利（一般为 1～2 元），每次竞拍将使该产品价格增加 0.01 元，并且同时增加 20 秒竞拍时间。当竞拍倒计时归零时，当时的领先者即最后出价的用户便赢得该竞拍，最终用户以非常低廉的价格买走该产品。

这种类型的网站以非常低的成交价格吸引着众多用户。

例如，价值 5000 元的 iPhone 4 手机竟以 200 元的价格成交，如此低廉的价格，激发了用户贪婪的一面。使得很多用户不计金钱和时间成本地无限制投入，为网站创造了大把大把的利润。

赢得产品的人变得更加贪婪，想去赢得更多的产品。没有赢得产品的人因为已经投入了很多金钱和时间，不得不投入更多捞回前期投资。

同样很多网站也非常流行一种叫做秒杀的购物形式。

所谓"秒杀"，就是网络卖家发布一些限量的超低价格商品，只能在有限的时间内购买。由于商品价格低廉，往往一上架就被抢购一空，有时甚至只用一两秒钟。

"秒杀"从无到有、从有到强不过三个月时间，这种购物形式同样会吸引很多人购买本不需要的产品，而真正优惠的精品提供量都很少，很难抢到。

除了贪欲之外，现在众多网站商家都注意到了"虚荣"这一点，下大力气在体现用户价值上面做足了文章。

人生的价值就是获得别人的肯定，过分地追求不合理的或者虚假的表扬就是虚荣。虚荣心是人类一种普通的心理状态。虚荣使一个人上瘾，同时也极容易影响他人，这就是虚荣强大的力量。

譬如微博。微博非常巧妙地利用了虚荣。用户可以炫耀自己的粉丝数量，同时网站也提供一项服务——分配粉丝，就是在新用户刚刚注册的时候分配一些用户给他们，这就给网站提供了另外一条吸金途径。

用户会特别注意自己所发送内容的转发数量，转发得越多越能满足他们的虚荣心。这就迫使用户提供更多的高质量内容去吸引自己的粉丝转发自己的内容，从而进行了一个良性循环。

还有QQ的等级制度。

使用QQ的用户都知道，如果你的QQ上有多个太阳，就证明了你的QQ资深身份。用户不得不长期、定时地使用产品来证明自己高人一等的身份。腾讯巧妙地利用这种等级制度满足了大家虚荣的渴求，庞大的用户群让腾讯获利无穷。用户之间互相攀比导致更多的人追求更高的等级，也影响了周围的人。

现在有更多的网站加入进来，开始自己的等级划分，推出各种消费的金银虚拟卡等，无一例外地利用了人们虚荣的弱点，迫使人们做出了原本不愿意做的事情来证明自己的资历。

人际关系基本规则

《鸿门宴》中，刘邦之所以成功脱逃，并在日后的楚汉战争中日渐占得上风，其中一个重要原因就是他善于利用项羽的性格弱点。

项羽自矜功伐，但又妇人之仁。他容不得刘邦冒犯他，但又在"礼遇"和"好话"面前下不了杀手。在战场上，他有万夫不当之勇，抗秦军，烧阿房宫，不可谓不"狠"；在宴会上，他心慈手软，左右摇摆，不可谓不"弱"。

"狠"在武功,"弱"在内心。

后来,楚汉战争中,项羽屡次轻信刘邦,以为"鸿沟"已定,"楚河"、"汉界"分明,天下太平,于是放心班师。

谁知刘邦不像他一样守诺,从背后杀来。项羽直落得四面楚歌,别姬独行,自刎乌江的结局。

凡成大事者,必洞悉人性,洞察人心。了解人们性格的差异,因材施法;懂得人们的心理,因人制宜。

一不小心就会被肢体语言出卖

说不清是源于遗传还是后天学习或模仿,我们人类天生就拥有不用口语只用肢体动作就能沟通的本能。下意识地耸肩,交叉双腿的坐姿,不自觉地揉眼睛,其实都无声地向我们传递了一个人内心的秘密。

可见,想要成功地看穿人心,要理解他人有声的语言,更要学会观察他人的无声信号,并能够在不同场合中正确使用这种信号。

观察对方的肢体动作可以透视对方的心理,这可不是无稽之谈。

曾经有一位年轻人同伯威斯德教授讨论文学作品,当教授询问到他对一本现代文学著作的意见时,年轻人一边说非常欣赏这本书,一边不由自主地揉着鼻子。伯威斯德教授哈哈一笑,一针见血地说:"其实你根本不喜欢这本书。"

年轻人一下子愣住了。他很佩服教授的观察力,却不清楚自己的回答哪里出了纰漏,只得窘迫地承认自己只读了几页,并不感兴趣。其实,不是他的回答,而是他揉鼻子的动作泄露了他的秘密。

千万不要小瞧了这些肢体动作，我们不加思考地伸手拿起桌上的杯子喝水，都会暴露我们的思想。这种不假思索的下意识行为更能暴露我们的真实想法，正是这些自己都无法控制的肢体动作在"说真话"。

事实上，只要我们了解了肢体动作、语言和表情的不同功能，就会明白肢体动作比语言和表情更容易让人了解一个人的想法。

语言最主要的功能是用来传递信息，表情虽能根据情感自然流露，但是人为掩饰的痕迹很重，唯有肢体动作隐蔽性较差。

比起语言和表情，身体姿势更能反映出一个人的内心，因为身体姿势受人的情绪、感觉、兴趣的支配和驱使，是内心状态的外部表现。

肢体语言究竟有多重要？看看一个FBI探员的成长经历，你就明白了。

美国有一个优秀的FBI侦探，最擅长翻译人的肢体语言，凭借此项专长，他破获了好几起悬案。

据他回忆，当他还是个孩子时，就意识到了肢体语言的重要性。8岁那年，他从古巴流浪到了美国。最初，他完全不会讲英语。入学后，也经常受到同学们的排挤。但他很快发现，即使语言不通，他仍然可以通过另外一种"语言"了解对方的意图。

他知道，真心喜欢他的老师或同学会挑起他们的眉毛，或将眉毛弯成拱形；那些不太友好的人则会轻轻地斜视他，那是一种一旦察觉就永远也忘不掉的眼神。

突然，他觉得人的肢体传递出了这么丰富多彩的信息，多奇妙啊。于是他开始细心观察身边人的手势、姿态、面部表情和肢体动作，借此了解这个人。时间一天天过去了，他学会了英语，更学会了一种不用张口说话的语言——肢体语言。

肢体语言能够提供给我们的信息太丰富了，生活中处处都有肢体语言。母亲借助肢体语言来理解一个不会说话的孩子的意图，警察借助肢体语言来判断小偷话语的可信度，情侣借助肢体语言传递深深的爱意……毫无疑问，我们在观察人心的时候，更要特别留意肢体语言。

请大家回想一下水门事件。这个轰动全世界的丑闻，直接导致了尼克松总统的下台。

当时，全世界的电视台都播放了这条新闻。

镜头中，尼克松一边回答记者们的提问，一边随手抚摸着自己的脸颊、下巴。

这些微妙的触摸，在水门事件爆发前的尼克松身上是不常见的。我们看到尼克松的肢体动作，更确信尼克松与水门事件是脱不了干系的。

人在某些方面往往是心虚的，特别是心里明白自己有错的时候，为了自我补足内心的懦弱感，在许多场合，会以自我触摸身体的方式来掩饰，自欺欺人地安慰内心，抚平内心的焦虑和焦躁感。

毫无疑问，自我触摸动作频繁的人，其内心一定隐藏着秘密，就算控制力再强的人，看上去也会显得较为机械呆板。

显然，一个人的肢体动作和他的情绪有关。一旦你了解了它所蕴涵的意义，再仔细地进行观察，相信你在进一步洞察他人心灵隐秘方面，会大有收获。

不过，要能正确地解读肢体语言，你还得了解几个原则：

1. 肢体语言反映的，通常是一种生理状态（例如背痛）或一时的心智状况（例如沮丧），而不是正常形态下的人格特征

因此用肢体语言来判断一个刚见面的人的性格，难免会误判，譬如他蜷着上身究竟是因为今天胃痛，还是他很没自信？

2. 不同的情绪，往往可能会经由类似的行为来宣泄

例如眼神闪烁可能代表不诚实、紧张、生气或傲慢，所以，千万别死记每个单独动作的意思，而是要看整体的行为来作判断。

3. "一致性"是解读肢体语言的关键

美国FBI在训练调查员时，强调的不只是观察"他做了什么"，更是"他改变了什么"。如果对方一直低着头状似沮丧，此时突然因某个问题而激动抬头，那这个改变就值得深入解读。

4. 先清楚要找到的特质，再确定解读信息的方向

先确定自己想看的是"诚实与否"或是"抗压能耐"的特质之后，再来收集蛛丝马迹，绝对比漫无目的地分析有效果得多。

人际关系基本规则

在聊过了肢体语言的解读基础后，让我们来做个测验，验收你察言观色的功力吧，准备好了吗？

既然肢体语言应做套装解读，那就请你看看以下的几组身体动作之描述，并将下列的情绪【无聊、紧张、生气、敌意（防御性）、怀疑】配对连连看。

（　）【1】脸部发红、双唇紧闭、手臂或双腿交叉、说话快速、姿势僵硬、握紧拳头

（　）【2】双唇紧闭、双眉皱起、斜眼看人、翘起一边嘴角、摇头、眼珠子转动

（　）【3】双臂或双腿交叉、避开对方眼神、呼吸加快、身体面对对方、闭口不语

（　）【4】眼光游移、身体左倚右靠、胡乱涂鸦、身子往一旁倾以避开某人目光、打呵欠、玩弄纸笔

（　）【5】眼神乱瞟、姿势僵硬、不停地玩弄或调整纸笔眼镜等、汗流不止、笑得很突兀、抖腿或身体

正确答案：【1】生气【2】怀疑【3】敌意（防御性）【4】无聊【5】紧张

看得透，不说透

　　看穿人心是一门易学易练的技术，只要在日后的生活中慢慢演练，必然会精通，但是切忌用这招来炫耀自己的能耐。

　　很多人急于实践这门技术，四处炫耀自己能够轻易识破人心。

　　俗话说"察见渊鱼者不祥"，洞察了别人的秘密，并不见得都是好事，甚至有可能惹祸上身。

　　我们都遇到过这样的情形。

　　　偶然间在路上遇到一个朋友，你热忱地招呼："上哪儿去啊？"
　　　朋友答："到那边。"
　　　如果又问："干什么啊？"
　　　朋友模糊地说："去办点儿事。"

　　朋友的话根本没有涉及实质的内容，只是含糊作答。如果会听话，就该意识到朋友根本不愿意讲出来，这时就该打住，不要追问不休了。

　　如果你硬要咬定青山不放松，问出个子丑寅卯来，必然会使这位朋友很尴尬，而你也会进退两难。

　　除了交谈，人的眼神、表情、动作在一定的语境下都表达了一定的含义，所以，除了理解对方的言语意思，还要观察对方的举止表情，才能真正洞彻人心。忽视了这一点，就有可能遭受别人的伤害或者伤害别人。

　　求朋友帮忙办事，而他总是不正面回应，顾左右而言他，就已经说明他不能帮助你了，你也就没有必要再浪费时间了。

　　许多人都有这样的经历：

　　有一位朋友非常善于揣摩人心，往往你想做什么、说什么，这位朋友都能事先预测出来。

在你做好某件事后,他会非常得意地会心一笑:"早知道你会这样……"

听了这话,你是不是感觉自己在他眼里就是个白痴,半点成就感都没有,就像被当头泼了一盆凉水呢?

识破他人心理不能"走火入魔",更不能处处显得"未卜先知"。许多人都喜欢在别人面前展示"未卜先知"的本领,殊不知这种"卖弄"不但不会给你加分,反而会使别人对你更加反感。

这就是俗话说的"看透别说透,才是好朋友"。有时,说透了不仅仅伤和气,还可能招来祸害。

因此,在我们开始练习这门技术之前,就要谨记:看得透,不说透,做一个不动声色的识人高手。

法国的一个讽刺小说家到德国去旅行。

他完全不懂当地的语言和货币,他用自己的法国硬币兑换了一些小面额的零钱之后,要给司机和其他人付费,他会怎么做呢?

他先从口袋里拿出一把钱币,然后一张一张地数到收费人的手里。并且,他的眼睛始终注视着对方的面孔。一旦察觉对方脸上闪过一丝微笑,他就立即把正要放到对方手里的最后一枚钱币收回去。

后来他发现,用这种办法,从来不会在买东西的时候多付钱。

不要让对方察觉你已经知道了他的秘密,否则就失去了看穿人心的意义。光学会了这门技术,而不知道如何运用将起到适得其反的效果。

人际关系基本规则

所有人都希望别人能够做出与自己心意相符合的言辞和举动,以求得共鸣;但与此同时,与生俱来的自我防卫意识又使得人们对识破自己心理的人怀有戒心。

在人的潜意识里，识破心理往往会被人认为是一种暗藏的攻击性行为，尤其是在对方并不希望自己的心底秘密被人猜透的情况下更是如此。

看穿别人的心思，应该及时调整自己的应对态度，而不是随声附和或者大肆张扬，这样你才能在交际中占据优势！

所以，在识破对方心理时，把握好分寸，掌握好自己的"结果外露"程度非常重要。

感情用事是识人的达摩克利斯之剑

日常生活中，我们惯于用感性思维来处理身边的人事纠葛，倘若遇上突发事件，感性思维更是占据主导地位，以压倒性姿态将理性思维排斥在外。

但是，我们的情绪常常让我们盲目得看不到全局或日后的发展，因此根据自己当时的感受来作决定，其实风险很大。

过于感情用事，会使纷繁的人情世故影响我们的判断，捆绑我们的手脚，让我们画地为牢，无法推行决策。

试想，你的侄子是你的秘书，你的姐姐是你的员工，你可能因为你们的关系而违背原则，对他们有所照顾。

如此一来，就算你尚算公平，但在其他员工眼中，你的姐姐、侄子是特权阶级，有些事实的真相他们就会闭口不言，下情无法上达，你又如何能作出正确的判断呢？

一名坠入爱河的女子肯定不愿看到男友薄情寡义的一面，无论如何也舍不得跟他分手。

一名智障孩子的母亲，定会找出许多理由来掩饰孩子的先天不足，而不愿面对如此不堪的真相。

关系的亲疏远近，影响了我们对事实真相的判断，致使我们时常做出错误的决策；关系的亲疏远近，也影响了我们对人的判断。

总之，我们总是先入为主，姑息自己喜欢的人，不愿承认我们讨厌的人的优点。如此，又如何做到知人善用呢？

因此，想要看穿人心，一定要放下成见，保持客观公正的态度，不以亲疏远近论是非。如果这样不行，不妨采取"抽离"的态度，假设自己是一个旁观者，与这个人、这件事情毫不相干，从而做出决策。

除开纷繁的人情世故，你可能还会碰到如下不幸的倒霉事：同事抢走自己的功劳，无缘无故被老板炒了鱿鱼，女友居然脚踏两只船，十年寒窗苦读却连工作也找不到……

遇上这些倒霉事，我们只会抱怨遇人不淑，却从没自我反省。

要知道，某些微小的、不甚重要的原因，却是引发我们心理波动的元凶。而恰恰是这些我们平时不重视的心理波动，已经在不经意间造成我们的"一叶障目"，识人不清。

需求陷阱是"障目"的"一叶"。

现实中常见这些情形：

一个刚踏出校门、急于找工作的学生，一时匆忙签了合同，最终自己不满意，公司也在抱怨。

一名年过三十的未婚女士，因为各种因素，不得不降低自己的择偶条件，匆忙结婚。到头来，她却发现"无鱼虾也好"的选择还不如独身。

一时的迫切需求是"障目"的根本原因，让人看不到现实中其他的可行性，以致冲动附身，作出悔不当初的决定。其实，急于工作的学生可以先做兼职，一边积累经验，一边寻找适合自己的工作；急于结婚的人们，更要保持平和的心态，以免后悔终生。

恐惧感是"障目"的"二叶"。每个人的内心多少有点恐惧心理，譬如：

  我们不愿结束一段恋情，只因害怕下一个不会更好。
  我们怕辞掉一份厌倦已久的工作，担心会失业；我们甚至会拒绝猎头公司挖脚，只是恐惧环境的改变。

在人际交往方面，这种与生俱来的恐惧感表现得尤为明显。

我们时时都在猜测身边人的心思，恋人的一个眼神，上司的一句话，都会令我们陷入恐惧的状态——因对未来的未知而感到恐惧。

其实，这种恐惧很好对付，只需找到为什么而恐惧，然后收集资料，对症下药就行了。如果你担心被炒，又拿捏不准，想知道上司的真正意图，你可以在上司向别人提及你时，观察他，看他是对每个人都有所批评，还是会赞赏别人，却只对你有微词。这样你就能准确无误地下定论了。

防卫心理是"障目"的"三叶"。

当被批评或攻击时，每个人都会拉响警报，不自觉地做出辩解或是回击。事实上，不是每一个批评你的人都有恶意。你需要冷静和客观地看待。

如果有人批评你，不要一味地为自己辩护，特别是在上司面前，否则，你将错过一个看穿他心理的绝好机会。此时，你要注意他的语言和肢体动作，弄清他的真正意图。

也许我们还会遇到"障目"的更多"叶"，但只要每次识人时，找到让我们"障目"的原因，就肯定能找到解决的方法。

人际关系基本规则

人们一般把情感的外观称之为情绪。良好的情绪状态，是保证人际交往正常进行的必要条件。情绪稳定风度得体，容易跟交际对象从感情上融通，这样便能保证交际的质量。

而要有良好的情绪状态，必须对情绪加以控制，方能适应千差万别的交际情境。注意对情绪的控制，是交际者必须具备的心理素质之一。

那么，如何在交际中控制好自己的情绪呢？可以从如下五个方面努力。一是勿急躁冲动，二是勿故作深沉，三是勿喜形于色，四是勿剑拔弩张，五是勿失去分寸。

小心背后射出的暗箭

有一种角色叫小人，他们上蹿下跳，或在明处，或在暗处，无论你怎么小心谨慎，也难免被他们盯上。轻则踩你的脚，重则踩着你的肩膀往上爬，令你防不胜防。

对于那些我们看得见的敌人，我们可以防患于未然，可是那些背后小人，是敌是友不会写在额头上，我们如何辨别呢？

我的中学同学小李就是深受流言所害的一个典型，小李在工作中的表现非常出色，也常常受到老总的赞赏。

可是隔不了多久，关于她与老总关系暧昧的传闻就流传开来，现在她走到哪儿，人家都用异样的眼光看着她，使她工作情绪大受影响。

"流言"在空气里无根飘浮，也许有一天胀满到开始挤压你的生活，使你无从推挡。

"流言"是暗藏的敌人，它像长了翅膀一样，在飞来飞去的过程中愈演愈烈。

对付"流言"这种暗箭攻击，如果你确切地知道是谁干的，可以把他拉出来对质；如果你不能确切地知道是谁做的，最明智的做法就是清者自清,不要去理会,做好自己的工作,让误解与流言在事实中不攻自破。

只要有空气存在的地方就会有"小人",要想完全用"惹不起还会躲不起吗"来隔绝"小人"是绝对不现实的。

大家知道,"小人"通常为人做事都以他的一己私利为衡量标准,并且常常会用各种各样卑鄙无耻的手段来达成自己的目的,与"小人"相处共事,稍有不慎就会吃亏上当,甚至会被其算计成了炮灰。

因此,学会如何识别"小人",如何跟这帮"小人"刻意保持一定距离,如何学会自我保护让"小人"无法伤害到你,这是很重要的经验。

幸好,"小人"会有几点特性:

1. 深不可测型

这种人摆出一副高深莫测的样子,对人爱理不理,若即若离,使人难以揣摩到他保持沉默的真实意图。按照西方心理学理论,这其实是一种权力的展示,玩这个游戏的人,是为了显示他能够操纵别人的情绪。

对付这种人不要被他的沉默吓怕,不要让自己处于被动的地位,要主动出击。要敢于凝视对方的眼睛,让对方心虚和不安。不要随便说话,因为一开口就会破坏这种威慑力。

2. 挑拨离间暗箭伤人型

有许多人心里都是唯恐天下不乱的,有一种人总是会制造纷争的事端,采用挑拨和离间计来激发竞争对手之间的矛盾,有时,这种人还会表现出自己的"和事老"的和善,让你感到他值得信赖。

假如你发现身边的某个人在你面前总是告诉你某某同事在讲你什么,你千万要先证实一下。

3. 歇斯底里型

这种人极具侵略性,不管自己有理无理,总是喜欢攻击人,而且情绪易极端化,包括情绪混乱、极度愤怒、号啕大哭、摔东西等。怒不可遏时,还会说一些不堪入耳的粗话。

对付这种人要用太极推手的方法，首先要镇定自若，不要被他的气势汹汹唬住，将其攻击的力量化解之后，再趁机反击。也就是等对方歇斯底里发作之后，再理直气壮地指出其错误。如果与对方硬碰硬，会使双方都下不了台。

4. 装疯卖傻型

这种人看上去是老好人，非常友善，唯唯诺诺，害怕别人对他有恶意，对任何人的立场和言论都表示赞同。但发生利益冲突时，这种人会毫不犹豫地背着你推翻一切从前对你的赞同和支持，让你十分被动。

对付这种人的办法是要让他与你坦诚相处，同时要多了解他的背景资料，如家庭、爱好、价值观等，让他为你的真诚而感动，担心失去与你的友谊而不敢背叛你。

5. 恃才傲物型

这种人对工作狂热，也很有能力，但在工作中不肯听从任何人的意见，认为天下英才非我莫属。有了成绩则居功自傲，犯了错误却推得一干二净，赖到别人头上。这种人我行我素，藐视他人的存在，很难有人愿意与之合作，在团体中容易影响士气。

对付这种人要有备而战，要让他觉得天外有天，人外有人，要让他觉得你的智商、学识、能力都比他强，让其心服口服，无话可说。但对于他的长处和正确的见解，要充分认可和支持，不要损伤其自尊心。

6. 煽风点火型

这种人并非用明显的手法来破坏工作或挑拨离间，而是用个人处世的态度来影响别人，或者煽阴风、点鬼火，利用阴谋诡计来破坏其他人之间的关系，使整个团体都人心惶惶、意志消沉、士气低落。

这种人说来倒是很聪明的，对错误的言论找出许多借口来支持，从各个角度向人泼冷水，让人不自觉地就气馁了。对付这种人最好的办法就是将其清出团队，永绝后患。

人际关系基本规则

人是很复杂的，了解一个人并不是一件简单的事。但只要我们注意观察，就可以通过一个人的喜好了解他的素质、修养和品德。

想了解一个人，最好的办法是观察他是怎样对待别人的。

人在得意的时候，特别爱诉说他与别人在一起交往的情景，他说的时候是无意的，不会想到他与被说人有什么关系，所以一般比较真实。

如果对方当着你的面说自己如何占了别人的便宜，如何欺骗了对方等，那你以后就得对他注意一点儿，他有可能也会这么对待你。

还有一种人比较圆滑，好像很会处世似的，往往是当面一套，背后一套，当着你的面说你如何好，别人如何不好，聪明的人就得注意这种人了，因为他在别人背后说别人坏，就有可能在别人面前说你坏。

而有一种人可能当面批评你，指出你的缺点来，却又在你面前夸奖别人的优点，你也许不愿接受他这种直率，但这种人却是非常可信赖的人。

另外，看一个人如何对待妻子、儿女、父母，就可以分析出这人是否有责任感，自私还是不自私。

你可以通过他是否按时回家，有急事时是否想着通知家人，说起家人时感觉是否很亲切等细节，看出他对家人的态度。

一个不把家人放在心上的人是不会把朋友放在心上的。这种人往往心里只装着自己，只关心自己的得失安危，根本就不会想到朋友。所以交往时要注意尽量不要与那些没有家庭观念的人结交。

4 Chapter

学会把话说得既动听，又滴水不漏

要懂得如何与人沟通
迅速和陌生人成为朋友
恰如其分地赞美对方
迎合对方特别的习惯
幽默让你更有魅力
少说多听，永远是最好的选择

要懂得如何与人沟通

或许，有些朋友会藐视沟通、质疑沟通：

"沟通不就是人与人打交道那点儿事嘛，别整得那么玄乎。"
"沟通很简单，所有人都会沟通！"
"我们每天都在沟通，有那么重要吗？"
"我一个小职员，学什么沟通呀！"
"沟通不就是请客吃饭、聊天、谈心、谈判、唱歌、跳舞、喝茶、送礼嘛！"
……

下面我们回答问题：什么是沟通？其实沟通就是通沟，还是中国人造的这个词比较妙，采用水沟的"沟"，以及通畅、通过、疏通的"通"。

"沟通"就是"通沟"，把不通的管道打通，让"死水"成为"活水"，彼此能对流、能了解、能交通、能产生共同意识。

沟通也像是大禹治水，又好像武侠小说里的"打通任督二脉"，常常塞的是那里，打通的是这里，下面一通，就全通了。

沟通是创造条件实现目标的过程。任何人在工作和生活中都离不开沟通，沟通是人生第一工具。一个人的工作质量、生活质量都离不开沟通质量。

这世上沟通的方法太多了，技巧太多了，但是整体来说，要创造双赢的沟通，有几个基本的原则。

1. 让人感觉很不错

顶尖的公关小姐之所以能够成为镇店法宝，大部分都是因为客人很喜欢跟她们聊天。那么，这些顶尖公关小姐在营造聊天氛围上究竟有哪些特长呢？

如果要认真地问，客户为何喜欢她们，相信答案多半是"跟她在一起很愉快"，或是"跟她相处不用太过拘谨或小心翼翼"。

的确，我也是这样认为。但是，"跟她在一起很愉快"或是"跟她相处不用太过拘谨"，是在已经和对方建立好关系之后才会出现的状况。

只要和自己合得来，关系自然就会变得良好。一旦关系变好，自然就不用太在意对方，而能够真诚而坦然地相处。

但是，我想在这里传达给各位的并不是"结果"，而是"本质"——本质才是将双方的关系导向良好结果的关键。也就是说，初次见面就能够轻松地交谈，才是关键所在。

那么，为何别人会喜欢跟她们交谈呢？一言以蔽之，那就是因为：她拥有"让人感觉很不错"的特质。

之所以能够酝酿出"感觉良好的气氛"，关键就在于"表情"。

暂且绕开一些复杂的心理学知识，简单地说明即是：人会以自己所见到的表象来判断事物。相对于话语，人们其实更信赖对方的表情。

不管措辞再怎么巧妙，内容有多么动听，要是对方表情生硬，脸上尽是虚假的职业笑容，相信你也会马上对这种人产生防备心，是吧？一定会这样的！

在生动的表情中流露出的自然笑容，才能够制造轻松的交谈气氛。这一点，只要观察自己周围那些经常面带微笑、性情开朗的人就能了解了！

常常露出笑容的人,声音往往比较高亢,自然给人"充满活力"的感觉。当这种人露出笑容和我们说话,我们不会感到紧张,而且还会愿意对他们敞开心房,于是就会自然而然地说出真心话,并能袒露真实的自己。

当你逐渐累积这样的经验后,很快地,每个人和你在一起都会很自在、很快乐,并且不会对你小心翼翼、处处设防。怎么样?你明白了吗?

2. 认清沟通的目标

有个女孩子要过生日了,她希望男朋友不要再送花、香水、巧克力或只是请吃顿饭。她希望得到一枚钻戒。

"今年我过生日,你送我一颗钻戒好不好?"她对男朋友说。

"什么?"

"我不要那些花啊、香水啊、巧克力。没意思嘛,一下就用完了、吃完了,不如钻戒,可以做个纪念。"

"钻戒,什么时候都可以买。送你花、请你吃饭,多有情调!"

"可是我要钻戒,人家都有钻戒,我就没有,就我贱,没人爱……"

结果,两个人因为生日礼物吵起来了,甚至要分手。更妙的是,大吵完,两个人都糊涂了。

"我们是为什么吵架啊?"

"我忘了!"女孩子说。

"我也忘了。"男朋友搔搔头,笑了起来,"啊!对了!是为了你要个钻戒。"

再说个相似的故事:

有个女孩子,想要只钻戒当生日礼物。但是她没直说,却讲:"亲爱的,今年不要送我生日礼物了,好不好?"

"为什么?"男朋友诧异地问,"我当然要送。"

"明年也不要送。"

男朋友眼睛睁得更大了。

"把钱存起来，存多一点，存到后年。"女孩子不好意思地小声说，"我希望你给我买一颗小钻戒……"

"噢！"男朋友顿悟。

结果，你们猜怎么样？

生日那天，她还是得到了礼物，得到了一个钻戒。

当我们比较前面这两个沟通案例的时候，可以发现第一例中的女孩子太不会说话，她一开始就否定了以前的生日礼物，伤了男朋友的心。接着她又用别人男朋友送钻戒的事，伤了男朋友的自尊。最后，她居然否定了彼此的感情。何况，这样硬讨的礼物，就算拿到，又有什么意思？

至于第二例，那女孩子就聪明多了。她虽然要钻戒，却反着来，先说不要礼物，最后才把目标说出。因为她说后年才盼有个钻戒，男朋友提前，今年就给她一份惊喜，双方感觉都好极了，不是"双赢的沟通"吗？

尤其严重的是，第一例当中想要沟通的人，居然到后来把沟通的目标都忘了。

沟通就像爬山。你先要设定目标，然后向着目标走。有人走大道，有人爬小路，无论你从哪条路上去，都不能忘了方向、忘了目标。

许多人沟通，都犯了"才沟通，就忘了沟通目标"的毛病。就如同我们常常吵完架，却忘了当初为什么开始吵。

3. 肯定总在否定前

在这个社会上，你发现那些能力特强、个性特强、显然占上风的人，常不见得是最好的沟通者。

最好的沟通者，不是最强的否定者、破坏者，而是最好的肯定者、建设者。他能在两个完全相反的看法中，找到一个小小的共同点，然后强调那一点、赞美对方的那一点，再一步步把自己的观点推销出去。

否定之前先肯定，这是沟通最重要的原则。

因为无论多么不上路的人，总有他值得被肯定的地方，你愈肯定他，他愈觉得你是一个可以谈的人，他也愈对你有好感。

所以，肯定是一种解除心理防线、拉近彼此距离的好方法。

再听我说两个真实故事吧——

我一向都自己洗头，只有剪头发的时候，才由理发师洗。

我去的理发店总要客人躺下来洗头，虽然比较舒服，但是后脑勺，也就是后面靠脖子的地方不容易洗干净，我的皮肤又敏感，只要有一点点残留的肥皂就会痒。

有一天，我去理发，才进门，就想起每次都头痒这件事，便对理发师说："我自己洗头都不会痒，每次你们给我洗，第二天就痒。"

不知是不是声音大了，居然好几位理发师异口同声地回我："怎么可能？"

而那天理发的气氛特别差，有种身陷丛林、危机四伏的感觉。尤其在他们为我刮胡子的时候，我更是紧张得直冒汗，后悔自己说话没技巧。

可不是吗？如果我在洗头时，私下小声对理发师说："麻烦您后面多冲冲，因为我皮肤比较敏感，容易痒。"

事情不是会更好吗？我的错误是在没有肯定之前，先否定，而且没有私下否定，是公开否定。

正是有了那次理发的经验，让我懂得如何处理类似的情况：

有一次，我去纽约长岛的一家餐馆吃饭。

餐馆经理特别介绍了一种叫 Liberty School 的红酒和一盘"焗菠菜"给我。

我先品了酒，觉得不错。但是紧接着尝焗菠菜，却难吃得很。

我很想把那菠菜退掉，正要把经理叫来，告诉他实在难吃，但是我想起洗头那件事，于是我换了个方法！

我请经理过来，对他举着酒杯说：

"您介绍给我的这种酒真不错!"

"谢谢!是真的吗?"他居然敏感地说,"如果您不喜欢,我可以给您换一杯。"

"不不不!是真好。"我说,又指指菠菜,小声说,"这个,我比较不适应。"

他对我挤了一下眼,二话不说,笑嘻嘻地把菠菜收了回去。

我居然不必争,也不必换,就退了那道菜。

后来,我常想:那位餐厅经理为什么只听我赞美他推荐的酒,就会问我是否有什么不满意?想必在西方社会,许多人都用"先肯定,后否定"的方法,那几乎是一种说话的礼貌,也成了一种暗示。

我有位在美国工作的同学,他在华尔街上班一年多来的感想是:如果老板找他去,一见面先赞美他工作的表现,他就知道老板下面要说什么了,八成是批评他的不对。

他又说:"不过在公开的场合,他向来都表示肯定,所有否定的话都是私下说。公司同事犯了大错,公司可以请他'走路',但是绝不在公众的场合责骂他,因为请他'走路'是'就事论事',公开责骂就会伤人自尊,伤到'情面'了。"

沟通的两大原则就讲到这里,至于其他的沟通技巧将从下面的章节说起。

人际关系基本规则

俗话说:两军相遇智者胜。千智万智又以攻心为上。

在人与人沟通和交往的过程中,人心可谓是最神秘莫测的世界。要打开人心这扇紧闭的大门,并非毫无办法。

只要我们以成功的原则为指导,并且切实掌握一些行之有效的技巧,自然就能很容易地敲开任何人心灵的大门。

在我们掌握这些成功技巧之前,首先要做的就是正确了解人和人的本性。

当你能正确地了解人和人性，当你明白了人们为什么会那样做，当你明白了为什么人们会在特定的情况下对事物作出这样或那样的反应，那时，你才会成为一个成功掌握人际交往技巧的人。

了解人和人性可简单地理解为——必须按照人们的本质去认同他们，要设身处地认同人们，而不要用自己的眼光去看待别人，更不能将自己的意愿强加给别人。

人的本性到底是什么样的呢？人首先是对自己感兴趣，而不是对其他事物感兴趣！换句话说，一个人关注自己胜过关注别人或别的事物一万倍。

谁都是这样的，包括你，你对你自己的兴趣胜过对世界上任何其他人。

这就是人类的本性。你一定要深入体会这一点。因为人类的行为是受自己的思想和感情支配的，这种特征在人类中表现得非常强烈。

明白"人们首先关心的是自己"这一常识是你与其他人交往的基础。认识到这一点，也是生活的关键所在，它能给予你和他人交往的智慧和技巧，它能使你掌握人性的本质，它能让你拥有更多的朋友，它能使你把握住成功的秘诀。在以下的内容中你会明白，许多成功的技巧都出自对"人首先关心的是自己"这一观点的理解和运用。

请记住，一定要记住这一观点，因为这是你成功与人交往的基础和关键。现在，就让我们将这句话再重复一遍：人本性上最关心的是自己。

迅速和陌生人成为朋友

你来到了一个地方，被介绍给陌生人认识，你和人握手，打过招呼，看了看对方的眼睛……

但忽然你的神志不清楚起来，你的思路突然停顿了。你想找一个话题打破令人尴尬的沉默，可就是不知道说什么才好，最后只能眼睁睁地看着新相识溜出了你的视线。

废话是社交中不可或缺的交际工具，要是你希望人们觉得你挺有人情味儿，你就得学会没话找话。

没话找话？看到这个词你是不是有点害怕了？多少见过大世面的人就怕见到这几个字。在一个身边没有熟人的陌生场合，他们常常不知所措。

要是你真的害怕没话找话的话，一个事实可能会让你觉得欣慰：事实上越聪明的人，越讨厌没话找话。

如果你害怕没话找话，你一定会很关心这样一个问题：这种毛病有的救吗？

我们总希望自己一开口就一鸣惊人，既大方得体，又深刻独特。但是，要是生活中每个人都有这样好口才的话，你不发疯才怪。每个人都语出惊人，还有你置喙的余地吗？

有一个高智商人士组织的协会曾经邀请我去参加他们的活动。

我找到地方时，活动已经开始了。

酒店里到处都是协会的会员。我拉着行李车走进电梯，电梯里也挤满了他们的人。电梯往上行驶的时候，不知什么原因开得很慢。

"天哪，这电梯是不是有毛病？"我有点担心，忍不住自言自语地说。

这几乎引发了所有同行者的长篇大论，他们好像都觉得不能浪费了自己132以上的高智商，争先恐后地给我提供一个合理的解释。

"可能是剐着护栏了。"一个声音说。

另一个却争辩说："继电器接触不良也会造成这种毛病。"

我听了一会儿，感到脑袋嗡嗡直响，恨不得立刻离开这些所谓的聪明人。

过了一会儿，自己一个人待在房间里的时候，我又想起那些会员的谈话，忽然觉得其实很有趣。

为什么我当时会觉得他们善意而有趣的发言很无聊呢？有太多的原因：或许他们说得太快了，或许我也太累了，或许他们的活跃使懒散的我感到不舒服……

　　没话找话在大多数情况不是用来陈述事实的，而是用于交流感情。没话找话有点像音乐，它强调节拍、调子，不同乐器之间应该互相照应、保持和谐一致。所以，没话找话首先应该揣摩听者的情绪状态以及心理需要。

　　在我没精打采的状况下，会员们要是不说那些严肃的话题，说一些轻松关切的话，比如：

　　"是啊，电梯怎么这么慢呢？"

　　"你看样子是刚到，长途旅行后一定很劳累吧？他们要是能先给个提醒咱们就带把椅子来坐着了。"

　　"别着急，一会儿就到了。"

　　我肯定也会高兴地回答说："是啊，可不是吗。"然后经过一段过渡，我的精神头被调动起来了，我也不是完全不可以跟他们聊聊高深的技术问题。接着，我们也许会成为朋友。

　　相信每个人都有这样的经历，自己正经历一种心态，别人是一种心态，两个人一接触，就会因为拍子不合感到特别别扭。

　　当你遇见一个神经兮兮的同事，劈头盖脸地问你一些问题，你还能一直保持轻松的心境吗？或者，情况相反，你正在赶会议，已经迟到了，一个熟人忽然拦住你跟你讲一个黏糊冗长的故事，不管故事多有趣，你肯定也没法耐心听完。

　　要想受欢迎，开始的时候必须揣摩谈话对象的心态，根据对方的心理，说对方想谈的话题。

　　没话找话时，要把它当成唱歌，不要当成说话。先把你的谈话对象——伴奏音乐的调子搞清楚，然后随着对方的节奏来唱歌才能好听。这种技巧其实就是察言观色，迎合对方的需要。

　　知道如何开口之后，咱们该继续研究下一个课题了，怎么将谈话变得更有吸引力。

我读大学时，发现一个同学有一种特殊的本领，就是不管他出现在什么地方，都能迅速地吸引人们的注意力。只要他比比画画地一说话，大家立刻老老实实地凝神静听。

我有意识地也挤进他的粉丝中间，做这个雄辩大师的听众。观察了一段时间，我忽然意识到：这个同学说的全都是老生常谈！

可为什么有那么多人喜欢听他乱讲呢？秘密在于，虽然内容很一般，但说的人激情澎湃，说得很热闹。正是他的那些激情倾倒了听众。

这使我意识到，交际中最打动人心的并不是言谈的内容，而是讲话的方式。与人聊天，不管说什么都好，重要的是你要态度真诚、情感丰富，充分地表达出自己的友好和善意。

如果你能做到这一点，就算你说的是老生常谈，人们也会情不自禁地喜欢上你。

1943年的上半年，也就是珍珠港事件后，美国到处都流传着日本间谍的谣言。

有一天，一个美籍日本老教授在火车站等车，火车一直不来，他忽然发现身边有很多美国人怀疑地盯着他，仿佛火车不来和他有关似的。

因为美日开战的缘故，人们对他的存在好像很担心。一对领着小孩的夫妇特别紧张地盯着他看，而且一边还窃窃私语。

老教授怎样破解当时的尴尬气氛呢？他首先微笑着对那对夫妇中的丈夫说："今天晚上这么冷，火车还晚点，实在太糟糕了。"

丈夫冷淡地说了声"是"。

老教授继续关切地说道："这么个冬天，火车老晚点，带着一个小孩出门就更不容易了。"接着，他又跟夫妇俩打听小孩的年纪，夸他们的小孩比实际年龄长得高大。

丈夫又一次表示同意，不过这次脸上就有了笑模样。

紧张的气氛被化解了。

又谈了两三句话，丈夫问老教授说："希望你不会介意我的问题，不过我很想知道，你作为日本人，你是日本人吧？你认为日本能赢得这场战争吗？"

"噢，"老教授认真地回答说，"我也有同样的疑问。不过我知道的情况仅限于报纸上的信息。从我的角度，我实在不知道日本人在缺乏煤、铁和石油的情况下，怎样才能击败一个像美国这样强大的工业国家。"

老教授的观点其实都是老生常谈，而且含糊其辞。那些日子，美国电台上反复宣传的都是这套理论，正因为如此，他的观点听起来很中听。

丈夫对老教授的观点表示赞同，他开始转而关心老教授的情况："你的家人现在都在日本吗？"

"是啊，他们都在日本呢，"老教授立刻神情黯然地说，"我父亲、母亲和两个妹妹都在那边呢。"

"你能收到他们的来信吗？"丈夫问。

"那怎么可能呢？"老教授的声音很悲伤。

丈夫和妻子听说后都露出同情的神色，"看来战争结束前，你没法见到他们也不能和他们通信啦！"

这对夫妇和老教授还谈了很多事情，最后，他们邀请老教授在路过他们所在的城市时一定去他们家里吃饭。而就在谈话之前他们还怀疑他是间谍呢！

这个结果全归功于老教授出色地运用老生常谈的能力。

高明的谈话者知道在和关系一般的人谈话时，不要有自己的新观点，最好是老生常谈。重要的是一定要态度真诚、情感丰富。

与人闲谈，重要的不是内容，而是交流情感的形式。

最忌讳一上来就满口之乎者也讲大道理、说正经事，或者像前面提到的高智商人士协会会员那样急不可耐地好为人师，给人留下炫耀的印象。与人闲谈，尤其是和关系还不太熟悉的人闲谈，最好做老生常谈。

记住，人们在乎的不是你说什么，而是你说话的方式和态度。

发牢骚、愤世嫉俗，意味着你在社会上的处境不怎么好，只有生活的失败者才那样做。说粗口、脏话，会让人怀疑你的修养水平，把你当成一个没有文化、缺乏自制力的人。喜欢抬杠、顶牛，一说话就和人家对着干，凡事与人相反，只会招人讨厌和孤立。

人际关系基本规则

很多单身男子或女子不用别人的介绍，也有办法结识看中的异性，他们所使用的微妙、委婉的手法，同样适用于在社会上或者职场中认识新朋友。

这个技巧不需要你有任何特殊的本领，只要你有勇气弄一个吸引人眼球的叫做"小玩意"的道具。

"小玩意"是什么玩意？"小玩意"可以是任何你穿戴或者携带的不一般的东西——比如一个特殊的别针、一个有趣的钱包、一块古怪的手表，或者一顶样式夸张的帽子。"小玩意"是一个物体，可以吸引人们的注意力，吸引他们走到你身边对你说："哦，这是什么？"当然，你的"小玩意"必须配合自己的性格，同时适合时间、地点和场合。

一位女士脖子上挂了一副款式古朴的旧式眼镜，结果经常吸引好奇的人问她："那是什么？"

那位女士就跟人家解释说那是她的祖母留下的一副长柄眼镜。

从此点出发，她就可以和人们发挥话题，讨论佩戴眼镜带来的不便、随着年龄增长而衰弱的视力、祖母对自己的爱和逝世，甚至古董收藏等话题。

在现代社会，你的"小玩意"和名片一样，都是社交必需品。无论你是在坐电梯，还是等火车、参加聚餐，都千万别忘了把自己的"小玩意"露出来让大家看见。

假设你已经用目光搜索过那个你想认识的姑娘、小伙、客户或上级领导，可惜，从额发到脚尖都看遍了，也看不到一个特异的小玩意，总之前面的那个技巧不好使了。

如果我们还想没话找话跟目标套上关系，就得使用"问那个人是谁"

的技巧了。

在西方国家，要是一个主人在自己的花园洋房里举办大型聚会，经常会有不请自来的警察进来检查安全。

来访的警察出于礼貌，同时显示自己的权威，多半会找到主人，随便指指一个人说："那边那个人是谁？"然后主人就自然有一番介绍。

我们也可以跟警察叔叔学习，直接跟双方都认识的熟人打听："那个人是谁？"然后，要求被询问者给你们互相介绍即可。

要是被问到的人当时正好脱不开身，或者你不好意思太麻烦人家，就多多少少地从他们那里套取点有用的信息。人们可能会这样介绍说："啊，那个人是某某单位的老张。我也不大清楚他的为人，不过大伙都说他喜欢喝酒。"

反馈过来的信息不多，不过也足够你进行一次破冰之旅了。

接下来你可以绕几个圈子绕到张经理身边，尽可能地装成是无意中碰到了对方，同时注意搭话时不要忘了打熟人的旗号以消除对方的戒心："你是张经理吧，我刚才听小孙介绍你了。都夸你特别海量，你能喝多少？"

"问那个人是谁"的技巧用于认识新朋友是最具效果的，但却是最少被使用的有蓄谋的认识人的方法。

使用这个技巧，只要直接去找双方都认识的熟人要求介绍即可，或者至少从熟人那里打听到一些对方的情况，从中发现可以迅速和对方结交的话题，然后打着熟人的旗号上前搭话。

恰如其分地赞美对方

渴望得到赞赏，是人性中最根深蒂固的本性。

人性中最强烈的欲望是成为举足轻重的人，无论是谁，听到别人对自己的赞美之词都不会不开心。人人都需要赞美，就像人人都需要食物一样，这就是人性。

如果你想成为交际的主动方，就必须牢牢地把握住人性的根本。

那么，把握人性根本，恰到好处地赞赏别人，关键是什么呢？

赞美如煲汤，火候是关键。

恰到好处地赞美对方，会让对方感到很舒服；但赞美得多了，会过犹不及，使得赞美没有新鲜感，让对方吃不消。

那么，对于初次见面的人，哪一种赞美最有效呢？

我的经验是，最好避免以对方的人品或性格为对象，也就是说与其赞美对方本身，不如称赞他过去的成就及所属物。

如果赞美对方"你真是个好人"，即使是由衷之言，对方也容易产生"才第一次见面，你怎么知道我是好人？"的疑念及戒备心。

如果赞美过去的成就或行为，情况就不同了。

赞美这种既成的事实与交情的深浅无关，对方也比较容易接受。也就是说，不是直接称赞对方，而是称赞与对方有关的事情这种"间接奉承"在初次见面时比较有效。如果对方是女性，则她的服装和装饰品将是间接奉承的最佳物件。

我和不少朋友的全家都相处得很好，其中与一家夫人的友谊甚至比和她丈夫的友谊更为深厚，当然我们之间的关系绝不会使人产生误会。

本来我只认识她的丈夫，那么我怎么成了她全家的朋友呢？

我想起因可能是在与她初次见面的那次宴会上我随便说出的一句话。

当时，我被介绍给这位朋友的夫人，由于当时没有适当的话题，就顺口说了一句"你佩戴的这个坠子很少见，非常特别"，企图以此掩饰当时的尴尬。

我说这句话完全是无意的，因为我根本不懂女人的装饰品。

出人意料的是，这个坠子果然很特别，只有在巴黎圣母院才买得到，这是她的心爱之物。随便说出的这句话，使夫人联想起有关坠子的种种往事，从此我们便成了好朋友。

从这种"间接奉承"的效果来看，与其毫无心理准备地去面对陌生的对方，不如事先收集可作为"间接奉承"的材料效果更佳。

有了这种准备，或许仅仅一句话就能使对方产生找到知己的感觉，很快向你敞开心扉。

我有一位关系密切的编辑朋友，长得很像一位著名演员。

每当我和他一起到饭店去，初次见到他的服务小姐们，都会对他说："嗨，你长得真像电影明星！"的确，无论是他的容貌还是气质都与那位演员非常相似。

一般而言，说某人很像名演员，是一种恭维之词，被称赞的人通常不会不高兴，但我这位朋友的反应却不同，听了服务小姐的奉承后，原本不喜欢开口的他，变得更加沉默了。

服务小姐可能是半真心半奉承地说出那些话，但是，对方不予理会，她们也只有流露出诧异的表情。

然而，这位朋友的反应一点也不奇怪，因为服务小姐的赞美根本不得法。

他了解自己的缺点，就是容易给人冷漠的印象。而那位电影明星在屏幕上所扮演的正是冷酷无情的角色。所以,如果说他酷似那位电影明星，这哪里是在赞美，分明是指出了他的缺点。

要恰如其分地赞美别人是件很不容易的事。如果称赞得不得法，反而会遭到排斥。为了让对方坦然说出心里话，必须尽早发现对方引以为豪、喜欢被人称赞的地方，然后对此大加赞美。

在尚未确定对方值得称道的地方前，最好不要胡乱称赞，以免自讨没趣。

试想，一位原本已经为自己身材消瘦而苦恼的女性，听到别人赞美她"苗条、纤细"，又怎么会感到由衷的高兴呢？

还有一个值得注意的问题，当对方对你的赞美表现出良好反应时，就要改变一下方式，再次给予赞扬。

如果只是蜻蜓点水式地稍加赞美，对方可能会认为是恭维或客套话，而对一件事重复赞美，则能提高它的可信度，让对方觉得你是真心实意地赞美他。

另外，从第三者口中得到的情报有时在初次见面时能起到重要的作用。因此，利用所得到的情报当面夸奖对方，可以获得主动权。

但是，如果你将这些情报、传言直接转述给对方，恐怕只会遭到轻蔑。因为已经听腻了那些司空见惯的评价和赞赏，甚至麻木了，如果你老生常谈，对方表面上也许付之一笑，内心却十分厌烦，甚至会说："看！又来了！老一套！"而将你打入庸俗者的行列。

有关对方的传言，对你来说即使十分新鲜，也应避开这些陈旧的赞美之词，而大大赞美他不为人知的一面。

> 有一位将军，一听到别人称赞他漂亮的胡须便大为高兴，但对于有关他作战方式的赞誉却不放在心上。

这种心理是每个人都有的。大概不少人赞美过这位将军的英勇善战及雄才大略，但是他作为一个军人，不论在这方面怎样赞美他，也只是赞歌中的同一支曲子，不会使他产生更多的优越感。然而，如果你对他军事才能以外的地方加以赞赏，等于在赞词中增加了新的条目，他便会感到无比的满足。

总之，赞美也必须讲求技巧，只要运用得法，必能敲开对方的心扉。

=== 人际关系基本规则 ===

也许你没有留意，恭维在生活中不但是好的润滑剂，还是人际间的解毒散，许多尴尬之事都可用它化解，当然也要注意"到什么山唱什么歌"。

就譬如说自我解困，即说错话之后，巧妙地通过恭维对方以达到自我解困的目的。任何人都会反感恶语而绝不会拒绝赞美。适度的恭维既会令对方心生暖意，又会令自己摆脱语误的困境，何乐而不为呢？

一个高高瘦瘦的小姐新买了收腰的短上衣，兴冲冲地邀女友品评。

女友见她穿了新衣越发状如衣板，不禁脱口说道："这件衣服并不适合你。"

对方顿时面沉如水。

女友见状自责，转而笑吟吟地说道："像你这样苗条又修长的身材，如果穿上那种宽松肥大长至膝下的衣服，就会越发显得神采飘逸、潇洒大方了。那些又矮又胖的人就穿不出这种气质来。"

小姐听罢顿时转怒为喜。

女友的话既巧妙地暗示了这件衣服不合其身材，又诚恳地指出了其择衣标准。同时用苗条修长这样美好的词语委婉地指出了其身材的特点，又用矮胖之人来对比，照顾对方的自尊心。

一句看似恭维的话，实则蕴涵了无限的玄机，因而便显得委婉含蓄，巧妙地化解了双方的尴尬。

迎合对方特别的习惯

人的欲望是多种多样的。聪明的人总会十分努力地探知他人的特殊需求，不管多么细微的事他们也会小心在意，最大限度地迎合他人的心理。

如果你与人有约，首先要想到你要约见的是什么人。因为每个人的脾气秉性不同，所以他所能接受的说话方式就可能不一样。

要想达到谈话成功的目的，就要收集信息，因地制宜，运用恰当的技巧，对症下药。千万不可意气用事，一言不合，怒发冲冠，引起对方的反感，这绝不是解决问题的正确方法。

所以与人说话必须先控制自己的情绪，交涉时还要消除"自我限制"的心理，因为自我限制往往使人作茧自缚，无法放开手脚，说话也不会有创造性的成果。

此外，在约见的过程中，也要善于利用信息。现代人拥有许多信息，却不知道如何去利用它，甚至还会使用错误，造成反效果。

比如说，当你夜晚送女友回家时，你知道该让车内保持幽暗，以增加罗曼蒂克的气氛，那么是要把车子停在两盏路灯之间还是在路灯的正下方？

大部分人一定会以为前者较为理想，其实光线从两边车窗斜射进来，反而把车内的情形照得一清二楚；而后者因为灯光只能照到车顶，车内反倒完全看不见。

信息的运用也正是如此，运用得当则有利，反之，就一无是处了。

因此，约人时必须提前确认自己的行动目标，把握资料的正确使用方法，随时观察对方的反应，尤其是越到最后阶段，越不能有丝毫的疏忽，最好是顺着对方的思路去接近对方。这样才能使对方心悦诚服，与你携手合作。要是一味地坚持己见，就会离目标越来越远了。

技巧有如种子，种什么因，就结什么果。如果希望顺利达到目的，就必须研究出一套恰当的手段，尤其是言谈的手段。

至于什么样的手段才最恰当，并没有一定的标准可言。不过倘若能够明白对方属于何种类型，说起话来就比较容易了。

现列举十类人供参考。

1. 死板的人

这类人比较木讷，就算你很客气地和他打招呼、寒暄，他也不会作出你所预期的反应来。他通常不会注意你在说些什么，甚至你会怀疑他听进去没有。你是否也遇到过这种人？

与这种人说话的时候，刚开始多多少少会感觉不安，但这实在是没办法的事。举个例子：

当你遇到 J 先生时，直觉马上告诉你：这是一个死板的人。此人体格健壮，说话带有家乡口音。除了从他表情中可以察觉些许紧张之外，其他的一点也看不出来。

遇到这种情况，你就要花些工夫注意他的一举一动，从他的言行中，寻找出他所真正关心的事来。你可以随便和他闲聊一些中性话题，只要能够使他回答或产生一些反应，事情也就好办了，接下去，你要好好利用此类话题，让他充分表达自己的意见。

譬如，当你们聊到有关保龄球时，J 先生的话就开始多了起来，这表示他对这种球类很有兴趣。他很起劲地谈到打球的姿势、球场的情况和自己最近的成绩……原本死板的表情竟一扫而空，代之以眉飞色舞。

每一个人都有他感兴趣、关心的事，只要你稍一触及，他就会开始滔滔不绝地说，此乃人之常情，因此你必须掌握好话题内容并利用这种人性心理。

2. 傲慢无礼的人

有些人自视甚高、目中无人，时常表现出一副"唯我独尊"的样子。

像这种举止无礼、态度傲慢的人，是最不受欢迎的典型。但是，当你不得不与他说话的时候，你应该如何对付他呢？

某个国家机关的一位副科长，说话虽然客气，眼神里却有些许傲慢，不苟言笑。这种人实在是非常不好对付的，让人一见到他，就有一种压迫感。

对付这种类型的人，你要尽量小心，以免掉进他的圈套里。说话应该简洁有力才行，多说无益，少跟他啰嗦。

不要认为对方客气，你也礼尚往来地待他，其实，他多半是缺乏真心诚意的。你最好在不得罪对方的情况下，言辞尽可能"简省"。

当然，每个人都有自己的立场和苦衷，这位副科长可能自觉"怀才不遇"或怨恨自己运气不好、无法早点出头；又由于其在社会上打滚甚久，城府颇深，所以尽管不受上司眷顾，也会在"保卫自己"的情况下，与人客气寒暄。

因此我们只要同情他，而不必理会他的傲慢，尽量简单扼要地说话就对了。

3. 沉默寡言的人

去见一个不爱开口说话的人，实在是非常吃力的，因为对方如同哑巴一样，半天嘴里挤不出一个字来，你就没办法了解他的想法，更无法得知他对你是否有好感。

有一位新闻记者，他为人沉默寡言，根本就不像个记者。不论你和他说什么，他总是沉默以对，你真是拿他没办法。

当有人给他介绍广告客户时，他也只是淡然地说声："哦！是这样啊。"然后手持对方名片，呆呆地看着。

对于这种人，你最好采取直截了当的方式，让他明白表示"是"或"不是"，"行"或"不行"，尽量避免迂回式的谈话。

你不妨把所有的选择都摆在他的面前，直接对他说："对于 A 和 B 两种办法，你认为哪种较好？是不是 A 方法好些呢？"迫使他作出选择性回答。

4. 深藏不露的人

我们周围存在有许多深藏不露的人，他们不肯轻易让人了解其心思，或让人知道他们在想些什么。有时甚至说话不着边际，一谈到正题就"顾左右而言他"，自我防范心理极强。与这样的人谈话更是难上加难，往往搞得人们无所适从。

因此，当你遇到这么一个深藏不露的人时，你只有把自己预先准备好的资料拿给他看，让他根据你所提供的资料，作出最后决断。

人们多半不愿将自己的弱点暴露出来，即使在你要求他做出答案或提出判断时,他也故意装傻,或者故意言不及义、闪烁其词,使你有一种"莫测高深"的感觉。其实这只是对方伪装自己的手段罢了。

5. 草率决断的人

这种类型的人,乍看好像反应很快,你与他说话时,他甚至还没听明白你到底要干什么的时候,就忽然作出决断,给人"迅雷不及掩耳"的感觉。

由于这种人多半是性子太急了,因此有的时候为了表现自己的"果断",决定就会显得随便而草率。

这类人的特征是:没有耐心听完别人的谈话,往往"断章取义",自以为是地妄下决断。

如此草率做下的决定,多半会留下后遗症,招致意料不到的麻烦。

倘若你遇到上述这种人,最好把谈话分成若干段,说完一段(一部分)之后,马上征求他的同意,没问题了再继续进行下去,如此才不会发生错误,也可避免发生因自己话题设计不周到而招致的麻烦。

6. 过分糊涂的人

这种人一开头就没弄懂你的意思,你就是和他长时间频繁地接触,结果也是枉然。

小朱经常光顾一个书店,其中的一位女店员,常常在小朱讲明购买的书名时,还会糊里糊涂地弄错。

这种错误一般人难免犯个一两次,但像她那样经常犯错,就不可原谅了。因为小朱是这家书店的常客,老是遇到这种事情,心里总觉不太舒服。

终于,有一次小朱把情形告诉书店经理,不多久,女店员就被辞退了。

经常犯错的人不外两种:一种是自己从来不知反省;另一种则是理解能力差,完全没听懂别人的谈话。对于这种人,你如果实在找不到合适的人再去求他吧。

7. 顽固不通的人

固执的人是最难应付的。他们的原则性太强，尽管连他们自己都不知道他们在坚持什么。因为无论你说什么，他都听不进去，只知坚持自己的观点，死硬到底。求这种顽固分子，是最累人且又浪费时间的，结果往往徒劳无功。

因此，和这种人说话的时候，千万要记住"适可而止"，否则，谈得越多越久，心里越不痛快。

对付这种人，你不妨及时抱定"早散早脱身"的想法，随便敷衍他几句，不必耗时费力，自讨没趣。

8. 行动迟缓的人

对于行动比较缓慢的人，交涉时最需要耐心。

有一位年轻而稍显肥胖的王小姐，也许因为体形的关系，她做起事来，总是比别人慢半拍，工作效率总比别人差一点。严格说起来，倒不是她的办事能力不如其他同事，只不过她做起事来太过"慢吞吞"而已。

你可能也经常会碰到这种人，此时你绝对不能着急，因为他的步调总是无法跟上你的进度，换句话说，他是很难达到你的办事标准的。

所以，你最好按捺住性子，拿出耐心，言谈上永远别透出恼火的意思，并且尽可能配合他的情况去做。

此外应该注意的是：有些人言行并不一致，他可能处事明快、果断，只是行动不相符罢了。

9. 自私自利的人

这世上自私自利的人为数不少，无论你走到哪儿，总会遇到几个。这种人心目中只有自己，凡事都将自己的利益摆在前头，要他做些于己无利的事，他是断不会考虑的。

有一位李先生，经常手不离计算器，这说明他始终在计算着自己的利益。正因为他最看重数字，他所坚持的，一定是自己的利益；至于其他事情，他不会在意如何做好它，只考虑怎样做才最省事。

这种悭吝之徒谁都不会对他产生好感。

但是，当你不得不求他的时候，只有暂时按捺住自己的厌恶之情，顺水推舟、投其所好。

当他发现自己所强调的利益被肯定了，自然就会表示满意。如此，你的目的就达到了。

10. 毫无表情的人

人的心态和感情，常常会通过脸部的表情显现出来，这些往往作为判断情况的依据。然而，有些人却面无表情，喜怒不形于色，这种人不是深沉就是呆板。

当你需要和这种人进行交谈的时候，最好的方法就是特别注意他的眼睛和下巴。

常人说："眼睛是会说话的"，诚然，眼睛是灵魂之窗，通过观察对方的眼神你可以知道他的心思。

你可以从对方的表情中，看出他对你的印象究竟如何。有时候，自己会紧张得连表情都很不自然，此时，你不妨看看对方的反应：是毫不在意、无动于衷，还是已经察觉、面露质疑？

留意他的眼神，你一定可以得到答案。知道了他的态度，自然就好说话了。

千万别被他这种表情吓住，一定要放松、从容不迫。但要注意的是，当你明白对方的反应可能是受自己的应对态度所影响，进而影响到结果时，就不得不特别注意、研究一下自己的言行举止了。

掌握了谈话对象的性情，投其所好，说到他们关心的事上来。这样，你就找到了一个突破口，胜利在望。

人际关系基本规则

每一个人都是独特的，各自的喜好不同，对事物的看法也不同。千万别误认为你喜欢什么别人也喜欢什么，你追求什么别人也追求什么。而要学会寻找他们所喜欢、所追求的东西。

和别人谈话，你要知道他们需要什么，去讲他们想听的话。只要能找准话题并谈出他们想听的东西，他们就会感动。

用你的话去击中目标，这是一个影响他人的巨大诀窍。当然，你必须知道目标在哪里。

但了解人们所想并不容易，必须多询问，多观察，多聆听，还要加上自己的不懈努力。这样你就会真正了解别人所想，也就掌握了影响别人的妙法。

幽默让你更有魅力

幽默是人与人交际的润滑剂，没有丰富的知识去滔滔不绝，没有清脆的嗓音去绕梁三日，没有惊艳的相貌让人精神一振，那就用幽默来让人轻松自如。

一位年轻貌美的女子，独自坐在酒吧的一角。

一位男青年走近她，很有礼貌地对她说："小姐，对不起，我能为您买一杯饮料吗？"

谁知她竟瞪着男青年，突然喊道："怎么，要到汽车旅馆吗？"

"不，不，您误会了！我只是问一下，我能不能为您买一份饮料。"

"您说今晚就去吗？"这位女子高叫起来。

青年男子被她搞得非常尴尬，红着脸退回到自己的座位上去。很多人都在冷眼看着他。

过了一会儿，这位女子走到他的身边，很歉意地说道："对不起，我使您难堪了！"又说，"我是学心理学的，正在研究人对意外情况的反应。"

这时，这位男青年两眼直望着她，突然大声喊道："什么？您要100美元？"

这是一则编织得非常巧妙、矛盾叠加、因果颠倒的幽默小品。但是，这位男青年的"意外反应"却是那位研究"人对意外情况反应"的未来女心理学家所始料不及、没有研究出来的。

幽默是人类另类智慧、另类思维的高级精神活动的产物，并以其独特的方式，影响着人类的文明生活。但要真正懂得什么是幽默，不能仅仅从这一词语的定义上去看，而是要用心去体验。

在生活中，幽默作为一种美学形式，带给人们更多的是欢笑与激情。因此，与其单纯说幽默是一种表现形式，还不如把它与人的气质联系起来，因为幽默本身来源于人们大脑的思考与提炼。

或许有人会问："到哪里去寻找幽默呢？"

其实，在我们的生活中幽默无处不在。曾读过两则幽默小故事：

汤姆在外地迷失了方向，一位热心的过路人走过来问："你是不是走丢了？"

汤姆笑道："不，我还在这儿，可是火车站却的确被我丢了！"

于是，过路人被他的诙谐所感染，笑着给他指明了方向。

托马斯夫妇俩一起去看美术展览，丈夫在一幅仅以几片树叶遮住下体的裸体少女油画前久久不肯走开，妻子揶揄道："你是不是想站到秋天，等到树叶落下来才甘心呢？"

自从人类懂得运用幽默以来，生活中就增添了无数的希望和活力；自从人类开始有烦恼以来，就懂得如何用希望、活力来摆脱烦恼，活跃人生。

在某种意义上说，培养自己的幽默感，也就是培养自己的处世、生存和创造的能力。有较强生存能力的人，通常也是一个有影响力和感染力的人。

幽默像是击石产生的火花，是瞬间的灵思，所以必须要有高度的反应与机智，才能制造幽默的语句。幽默可以化解尴尬的场面，也可能于谈笑间达到警世的作用，更可以成为自卫与反击的武器。

从生活中提炼幽默语言，可以从以下几个方面着手：

1. 要注意丰富自己的幽默资料

看得多了，听得多了，占有的幽默资料多了，便于自己模仿各种形式的幽默语言，幽默感自然会得到提高。所谓"熟读唐诗三百首，不会写诗也会吟"，说的就是这个道理。

生活中有许多方式可以汲取幽默的养分。

首先是文学，文学被誉为幽默思维轨迹的录像。幽默文学在弘扬生命、启迪智慧的文学功能上起着不可或缺的作用。古今中外的很多文学家都是幽默高手，他们的很多佳作都是幽默氛围浓重的文学名篇。

幽默最直观的艺术就是漫画，漫画有着静态的诙谐，其揭示矛盾的力度不亚于有声的对话或文学描写。

还有多种文艺节目如喜剧片、戏剧、曲艺等，采用的语言清新、活泼、幽默，给人以启迪，更重要的是这类节目因其形式的多样生动，更容易被记住。

2. 要在生活中养成随手记录好笑话的习惯

畅销书作家戴晨志不认为幽默有灵感可言，他以自己举例为证，证明幽默感可以由后天训练而来。

戴晨志随身带着纸笔，只要听到、想到什么好笑的事情，马上就记下来。许多经典笑话都是他在吃饭、聊天中听到的，"长的记忆不如一支短的铅笔，千万不要给自己忘记的机会"。

这个方法，俄国作家果戈理也曾经采用过，他随身携带着笔记本和笔，随时把听到的幽默风趣的话记录下来，成为他以后写作的素材。通过这样的不断收集，他的讽刺戏剧《钦差大臣》一炮走红，使他成为世界级的文学大师。

要想充实自己幽默库里的素材，要想有幽默的好口才，首先应该把每一个看到的、听到的精彩笑话，及时记下来，再反复背诵，直到能流利地讲出来为止。

因此，每天读报、剪报，把有趣的、新鲜的、能让人眼睛一亮的文章搜集起来，再分类、归档，背起来后就练习讲给别人听，久而久之，自然就能在适当的时机派上用场。讲的时候，也可以把故事中的主角变成自己，"笑果"更佳。

3. 要开动脑筋，多思考，注意从别人的幽默语言中体会幽默的要领

仅仅从抽象的概念中学习幽默的要领，往往是不深刻的。只有结合大量的幽默语言实例进行深入体验，才能深刻理解幽默的内涵，将幽默语言运用自如。

4. 要善于发散思维，注意从别人的大量幽默语言实例中启发思路

发散思维就是要充分地发挥自己的空间想象能力，充分调动自己的组合能力，将那些彼此相差十万八千里的意象进行重新组合，而以这一组新的意象去阐释某个常见的概念。

《魔鬼辞典》就是用了这样的一种幽默方式，书中对那些日常概念的解释既有新意而又巧妙：

- 比基尼：男人们希望除自己的老婆以外所有女人都穿上的社交礼服。
- 天才：生前被别人嫉妒和迫害，死后被别人称赞和自比的人。
- 嘴：多功能的器官，可吃牛排、抽555烟，喝人头马酒；如果接吻也接腻了，还可以吸毒。不过，进班房吃窝窝头也能狼吞虎咽。
- 化妆品：一种化学武器，女人们用它专门进攻男人。
- 健美运动：这是一种折磨肌肉、白费力气的活动，它使女人变得像男人，使男人变得像超级青蛙。

幽默语言是表达思想的一种特别的语言方式，这也需要从大量的幽默语言实例中学习、体会和掌握。

此外，运用幽默语言，要有独特的思维方式，要有借题发挥、创造幽默语境的思路，而且要反应敏捷、思路明快，这些从幽默语言实例中都能体验得到。

人际关系基本规则

你有"幽默细胞"吗？你是一个笑口常开、富有幽默感的人吗？

下面有一套简单的测试，你只要花3分钟的时间，就可知道自己是否具有幽默感。当然，如果你需要慎重考虑一下，延长测试时间也不会影响测试效果。

首先让我们看一下测试的问题，然后在A、B、C中任选一个，A表示问题的叙述与你的状况接近，C表示问题与你的状况截然相反，B是介于两者之间。

1. 与我接触的人都说我是一个开朗的人。
   A　　B　　C
2. 我的主管很欣赏我的口才，因为一个会说话的人能为公司带来效益。
   A　　B　　C

3. 在一些严肃的场合，为了缓解紧张的气氛，我也会适度地开一些玩笑。

  A B C

4. 我常常看相声、小品、喜剧、漫画，以及其他一切令人发笑的艺术形式。

  A B C

5. 我经常注意收集一些好笑的故事，有趣的故事。

  A B C

6. 我常常把一些有趣的事情讲给朋友、同事和家人听。

  A B C

7. 我善于用开玩笑的方式，来表达一些我难以说出口的话。

  A B C

8. 我善于利用玩笑，来提醒别人记住一些很重要的事情。

  A B C

9. 当别人讲笑话，或谈论一些开心的事，我会真诚地随着他们一起大笑。

  A B C

10. 当我处于尴尬、难堪的境遇时，我能用自嘲的方式来化解窘态。

  A B C

11. 我认为心情愉快能提高工作效率。

  A B C

12. 幽默能化解许多人事间的矛盾，当我笑的时候别人就难以对我发脾气。

  A B C

13. 当我想起好笑的事情，我就算独自一人也会笑出声来。

  A B C

14. 偶尔我会突发奇想，做出一件可笑的事情。

  A B C

15. 当我遇到困难时，总是用幽默来寻找自信，鼓励自己战胜挫折。
   A   B   C

现在我们来看一下结果。

如果你的 A 介于 10～15 个，就表示你富有幽默感，祝你精益求精。

如果你得的 A 在 6～9 个，表示你只要再努力一点点，就会成为一个有幽默感的人。

如果 A 在 3～5 个，那就表示你需要大大地努力。

如果你的 A 低于 3 个，那只能说明你是一个不苟言笑的人。

如果你竟然一个 A 都未得，那你需要好好反思了：是不是自己的幽默感太差？自己是不是一个悲观的人？

少说多听，永远是最好的选择

在交际中，最有魅力的人一定是一个少说多听者，一般而言，我们对这种人有一个更准确的称呼——倾听者，而不是滔滔不绝、喋喋不休的人。

在社交过程中，最善于与人沟通的高手，是那些善于倾听的人。

倾听是对别人最好的尊敬。专心地听别人讲话，是你所能给予别人的最有效、也是最好的赞美。

不管说话者是上司、下属、亲人、朋友，还是其他人，倾听的功效都是同样的。人们总是更关注自己的问题，同样，如果有人愿意听你谈论自己，你也会马上有一种被重视的感觉。

我的同事 Rainy 虽然是公司里年纪最小的姑娘，不过大家都很喜欢她。

她积极上进，总是很虚心，无论是谁说话，关于工作的或者与工作无关的，她都能够做到安静地聆听，大家都说她是个懂事听话的好员工。

在一次茶会上，她专注地听着一位刚刚从非洲旅行回来的客户讲非洲的所见所闻，几乎没有说什么话，但分手时那位男士却对我们说："Rainy是个多么擅长言谈的姑娘啊！"

感到惊奇吗？其实Rainy只不过是注意倾听别人讲话，便给人留下良好的印象。

看，这就是倾听别人说话的效果。它能让你更快地交到朋友，赢得别人的喜欢。当然，倾听不仅仅是保持沉默，用耳朵听听而已。

如果我们只用眼睛或耳朵来接收文字，而不用心去洞察发现对方的心意，结果只是浪费时间，并不能达到有效沟通的目的。

真正的倾听，是要用心、用眼睛、用耳朵去听。

给别人说话的机会，一方面是表示你的谦逊，一方面是可以借此机会观察对方的语气神色，给你一个思考的空间，这是个一举两得的方法。

我的同学查倪是一家合资企业的人力资源主管，他在这家企业工作了整整5年的时间。这5年的工作经历让他认识到，除了工作能力之外，学会倾听也是晋升路上重要的一环。

有一次，老板找查倪谈话，他先是对他的业绩作了一番肯定，并认为查倪可以担当更重要的职责。

听了老板这番话，查倪为自己即将到来的升迁暗喜不已，可突然间老板的话锋一转，他又跟查倪说最近行业不景气，利润比去年下滑得厉害，问查倪如果他做部门主管的话会不会考虑裁员。

查倪当时愣了一下，马上就说不会，还给老板说了很多理由，譬如很多同事都是跟他一起出生入死的元老之类的。

他的话一说完，当时老板的脸色就有点变，后来，他的另外一名同事升为部门主管。

事后查倪才想清楚，老板当时的意思就是想裁员，如果他用心去倾听老板的弦外之音，那么升职的就会是他。

有了这个教训之后，查倪遇事多了一些思量，在不违背自己做人原则的前提下，也开始学着去倾听老板的话中话。

有一次老板要去欧洲出差，在此之前老板问他：你的英文和老外交流没问题吧？虽然他对自己的英语水平不那么自信，但有了第一次的经验，他听懂了老板的潜台词：如果可以的话，就和他一起去欧洲。查倪立刻很自信地回答了一句：当然没问题！

这一次，他抓住了外出公干的机会，对于英文上的不足，他努力利用业余时间参加补习，水平获得了很大的提升。

在和老板一起出差的时间里，他们拜访了一些老客户，老板对其中一位客户的产品明显很感兴趣，但价格有一点高。

他用咨询的口气问查倪，查倪给了他满意的回答："值得购买。"

查倪心里明白，其实老板已经做好了购买的决定，他来问自己只是想得到认同，自己可千万不能扫了他的兴。

果然，老板兴高采烈地和这家公司签约了。

查倪最初在和老板进行交流的时候，并没有了解老板谈话的真正意图，只是单纯地将自己的理解停留在话语的表层意义上，没有注意倾听老板真正的意思。

很多人像查倪一样，认为身在职场，只要练就一副好口才，前途就能一片光明，而事实却并非如此。俗话说得好："一双灵敏的耳朵胜过十张能说会道的嘴巴。"只有善于倾听老板讲话的弦外之音，才能让自己在职场平步青云。

可是，现在有许多人，总是喜欢抢先，好像自己先说了，便可以压倒对方或者占得先机。

于是有好多人，一开始说话便滔滔不绝，自以为是个长于口才者，殊不知别人早已对他留下一个恶劣的印象。

事实上他已经失败，这根本不是交谈，完全是他说给人听，以后他将不受人欢迎，人们见到他只有退避三舍。

如果你理解了少说多听的精髓，那接下来，就为你介绍几种维持交谈的"聆听技巧"。

这几种基本沟通技巧，是被称为"积极倾听"（Active Listening）的技巧。这种技巧也常常被用来建立信赖关系，或是运用在大企业对新人的培训课程中。

1. 聆听的姿势

与对方交谈时，应该采取"我正在认真听你说话"的姿势。要是此时手边正忙着其他事情，一定要赶快停止。不要采取交叉着手或脚的姿势，这会让对方感到你心中是有防备的。应该把身体放松，不要让双手交叉在胸前，并采取开放而自然的态度。

2. 眼神的接触

交谈时，眼神要和对方自然接触，时间最长大约两三秒。当对方的眼神快和自己对上时，就赶紧配合他吧！

3. 适当的动作，点头及回话

根据麦拉宾法则（The Rule of Mehrabian），人类获得的信息有8%是来自眼睛。交谈时，如果能以点头回应对方的话语，对方就会因看到你的动作而留下"你很认真听他说话"的印象。

另外，选择适当的回话内容，再加上点头表示赞许，就可以让聊天的气氛变得更融洽。在这里就举一些回话的例子吧。

肯定：真是不错！是！就是那样！

疑问：是这样吗？为什么呢？

确认：是这样啊！啊，原来如此！哦！

感叹：真的吗？真好！哇，好厉害！

否定：你骗人……（仅限在开玩笑，或是闹着玩的时候使用）

有一个绝对不能使用的词，那就是："我明白"。轻易地使用"我明白"来回话，容易导致对方心里产生"你又知道些什么？你真的明白吗"的想法，反而使对方反感。

在服务行业中，避免采取"轻易就理解对方的态度"是常识之一，所以资深的公关很少会使用"我明白"这句话来回应客人。

4. 体贴的重复

归纳对方说的重点，并加以重复，让对方了解自己确实理解他所说的话。只要能够做到这一点，对方就能感到你与他产生共鸣，并且接受你给予的肯定感，与你进行更深层次的交流。

"积极倾听"技巧的施行，关键在于"时机"，因此一定要配合对方的频率来判断适当的施行时机。

有人把交谈比喻为传接球，但是我认为，以桌球或网球的连续对打来比喻，也许更容易抓到要领。就是这种有节奏的感觉，才能够产生"积极倾听"的效果。

请你想象一下，对方敞开心房与你谈话的画面。擅长与别人交谈，其实并不是那么难学的本领。

═══ **人际关系基本规则** ═══

"上帝赋予我们一张嘴、两只耳朵，也就是让你少说多听。"倾听是艺术，更是智慧，与人交谈，到底应该怎样把握呢？

意大利社会学家帕累托的研究表明，在任何特定群体中，重要的因素通常只占 20%，而其他次要因素要占 80%。因此，掌握 20% 的重点，就能控制全局。

这一原则在交谈中同样适用，也就是说，用80%的时间倾听，20%的时间说话，是最合理的时间分配。能帮助你冷静分析形势、抓住事情的关键点。

讲话太多，容易忽略掉某些该做的事情，毕竟，我们并不是对着录音机讲话，而是在和人进行交流。另外，讲话太多，必然导致聆听太少，导致不能在短时间内获取对方要表达的信息，也无法真正地掌握对方的需求和他们正在思考的问题。

如今人们越来越见多识广，他们拥有自己的见地、独立的判断、果敢的抉择，他们需要被尊重而不是被领导，他们需要发表主见而不是被动聆听。

面对你的谈话者少说多听，把话语权让给对方，你可以加以有效地提问、引导，让对方主动说出感兴趣的话题。

Chapter 5

从踏入社会那一刻，就应该开始积累你的人脉资源

留一步让三分
少一个陌生人，就会多一个朋友
有时候"势利"一点也无妨
努力记住他人的每一件"小事"
找到你人生中的"贵人"，并和他(她)
　成为朋友
努力让自己成为对别人有用的人
一定要淘汰你的"垃圾"朋友

留一步让三分

为什么有的人飞黄腾达，有的人穷困潦倒？

在这个世界上，到处都是有才华的"穷人"。他们才高八斗、学富五车，甚至有着上天入地的本领，但为何最后却落了个穷困潦倒、一事无成的下场呢？而许多并没有什么才华的人却能功成名就、春风得意。都是两个肩膀扛着一个脑袋，为什么他们的人生竟会如此不同？

究其原因，就是人情世故！在某种程度上说，是否懂得人情世故，决定一个人的一生是飞黄腾达，还是穷困潦倒！

大凡成功的牛人，无一例外都明白这一点。他们读懂了社会的本质和人际交往的潜规则，知道对方需要什么，知道对方脑子里在想什么——要想钓到鱼，就要像鱼那样思考！

你几乎看不见他奔波劳碌，但是在不动声色中，他就已经实现人生目标。他们成功的密码是什么？其实很简单，"人情世故"四个字而已！

那么，究竟什么是人情世故？

人情世故不是在你有求人家时才想起跟人家拉关系，也不是在你地位低时低三下四地位稍高就趾高气扬，更不是待人接物两面三刀。

人情世故是人感情的最基本流露，是站在对方角度考虑问题的善解人意。

比如在你上司生病的时候，你主动并多次去看望他，并且真心实意地陪他聊天、希望他健康，这些行为不是阿谀奉承，而完全是出于对上司的尊敬和爱戴，这才是真正的人情世故。

很多人之所以一辈子都碌碌无为，就是因为他活了一辈子都不懂人情世故。

我邻居的儿子是一个公务员，毕业于名校，才华横溢，走到哪儿都带着一股指点江山、舍我其谁的气势。他觉得别人都如无用蝼蚁，不配跟自己比。

有时候我们交谈，他也常常表现出"我的能力最强，所以理应得到最多"的架势。

从与他的谈话中，我勾画出这个小伙子的为人处世方式就是——无论是单位还是朋友圈，他基本上就是最优秀最聪明的了，所以什么好处都应该是他的。平日在单位得到好处也不与同事分享，在朋友圈子里什么事都应该由他出主意、由他作决定，反正一句话，他事事都要独占头功。

结果怎么样呢？

后来，他部门里的同事联起手来，跟这位"优秀人才"较劲，合力拆他墙脚、拖他后腿，处处给他制造麻烦，任你多么尽职尽责，我等就是不配合。一个人处在这种环境下，要想成事，那真是比登天还难！

最后，这位年轻人的工作当然做不好，走到哪儿都碰壁，一身才华困在腹中无法施展。最后领导痛责、同事不怜，他在每个人面前都没落下好印象。

到这地步，那个年轻人也只能选择辞职，另谋高就了。

至于朋友圈，不言而喻，朋友们都渐渐远离了他，最后搞得身边一个知己的朋友都没有了。

其实这个年轻人人品并不差,可以说是善良且孝顺,但就因为他完全不懂人情世故,最后落个一无所有,你说可怜不可怜?

《菜根谭》中有话说:"人情反复,世路崎岖。行不去处,须知退一步之法;行得去处,务加让三分之功。"

意思就是,人间世情反复无常,人生之路崎岖不平。在人生之路走不通的地方,要知道退让一步的道理;在走得过去的地方,也一定要给予人家三分的便利,这样才能逢凶化吉、一帆风顺。

这其实就是告诉我们如何为人处世。

与人相处,是年轻人进入社会首要学习的课程。因为在这个复杂的社会关系网中,每个人都必须与外界交流,拓展自己的人际关系,提升自己的人脉竞争力,这样才能得到他人的认可和接纳,才能立足于这个社会。

留一步让三分,不仅是给别人留一条活路,也是拓宽自己人际资源的绝妙之策。今天你让了他一步,明天他会还你两步,等于交了一个好朋友,在社会上打开一道通往成功的方便之门。

人情世故是我们日常生活中积累的约定俗成的行为规则,属于社会知识的范畴。

这些知识大半来源于与不同人群的社会交际,也来源于社会冲突与社会发展。在具备专业知识与技能的情况下,人情世故能够帮助我们更好地融入工作环境、社会环境,更好地发展事业。

这里列举出每个人都能用到的日常生活中 16 个人情世故,而这些人情世故恰恰是经常被年轻人所忽略的。

- 即使不是大人物,我们也经常能用请教的态度与口吻与他们说话,因为人不可貌相,很多实用的良师益友往往来自不起眼的生活与工作中。

- 在吃饭的场合做主动点菜者,不适合请领导与主宾点菜,因为那通常不是尊贵者做的事情。但是请注意询问他们的喜好,而不是只管点自己爱吃的东西。这需要平时研究菜单,积累点菜的经验。

- 经常发掘朋友、伙伴与同事（甚至小孩子）值得肯定的方面，注意哦，即使老板也需要被你肯定，但是尽量在私下场合，而对于一般朋友与同事则应公开赞扬。
- 在受到别人对自己的相貌、处事、人品的赞扬时，不要表现出理所当然的样子，也不要假意否认，合适的方式是表示感谢，尤其感谢朋友的肯定与支持。
- 即使你不是服务人员，在朋友或者同事有客人来的时候主动倒水，会让朋友与同事很有面子，也会让客人觉得你的朋友与同事很有威望。这会让你的朋友与同事特别感谢你的姿态。
- 记得在别人不在座位的时候很热情地帮助接听与记录电话、接收信件、传递信息，对团队的同事，提醒他们一些你知道的重要日程。
- 在征询了别人意见之后才进入别人的房间看别人的书架或者室内物品；在经别人同意的情况下才用别人的电脑；坐在别人的私人座位上，不要翻动别人的笔记本。
- 出席聚会需要有邀请，如果不能出席应提前通知，迟到的话要在适当的时间点上通知主人，到了以后要解释，带未经邀请的朋友出席要事前通知主人。
- 不适合向别人索要礼物，收到别人的礼品不管喜不喜欢都要表示感谢，因为送礼者会很在乎你的反应。不适合把收到的礼物转送给另一处，若是还保留原来送礼者的符号与痕迹就显得很没有礼貌了。
- 集会场合，主动介绍自己的朋友给其他人，或者主动在你认识的朋友之间穿针引线。
- 地位不同的朋友聚在一起的场合，要保持微笑，体贴地招呼那些内向的、不为人注意的、可能有点自卑感的朋友，在社交中对弱势者的帮助会得到他们特别的感激。

在其他社会场合，对于社会地位较低者，尤其在有你不能适应的生活条件与生活习惯时，要克制自己所想表现出的不适感与负面情绪。尽量主动向社会地位较低者打招呼。

- 有好东西吃的时候不要吃独食，主动告诉他们你知道的好消息，有好事情的时候能想到别人。
- 当发现其他人做错了事情，不要情绪化地批评别人，要就事论事，避免评价别人的人格、个性与家庭教养。

  批评时若能提出解决方案，批评就更有建设性。也不要只有批评，批评时应不忘肯定别人的长处。如果批评时能保持幽默，负面效果就更少。被批评或者遇到尴尬的时候能幽默自嘲，也能缓解尴尬。
- 好汉不吃眼前亏。如果问题争执不下，不要继续火上浇油，冷静下来，多收集一些数据材料，理清思路了再说。
- 在你没有充分把握的时候，就要用"争取"与"尽量"这样的口吻回答别人的邀约。承诺了就要最大限度去履行。
- 尽量不谈回报地先为别人做点什么，这样就做了对方心理上的债权人。一个人的社会地位是别人对他负有的社会债务感的总和。

人际关系基本规则

生容易，活容易，生活不容易。

每个人在生活中都必须面对残酷的竞争。因为不懂人情世故，历史上很多立下汗马功劳的功臣名将，最后落了个被诛杀的下场——他们没有倒在敌人的剑下，却冤死在自己人的手中。

因此，进入社会、进入职场，懂得人情世故是很迫切很必需的。

活在人情世故中，有懊恼也有快乐，有无奈也有舒心，人海行舟，不光要知己知彼，还要审时度势，那是人生的大智慧。

每个人都是组成人情世故的客体，每个人又是择判人情世故的主体，对立又统一，无法分离。

少一个陌生人，就会多一个朋友

很多人都怕跟陌生人聊天，觉得这是一件很麻烦的事情。因为总是不知道怎么开始，怎么继续，又怎么收尾。

但是我们的工作或生活中，却常常会遇到这个"麻烦"。比如，今天老板要让你跟进一个新客户，再比如参加了一个几乎全是陌生人的婚宴，在这种情况下，即便再觉得麻烦，我们也只能放下那点矜持、那点羞涩，努力地去跟陌生人搭讪。在这种情况下，有人会以自己的真诚或智慧获得一个朋友，但也有人因为自己的傲慢或虚伪失去一个朋友。

我有一个同事，几乎每天早上上班的时候都会在地铁站遇到一个和他一样行色匆匆的男士，时间久了，两个人都注意到了对方，但却没有任何一个人主动再往前跨一步。

我同事每次讲到这件事情都会说："我觉得他应该也住在我家附近，所以我们才会老在地铁站碰面，我觉得我们上班的时间应该也是一样的，只是每次他都会提前一站下车。"

我问他："既然你们老碰面，那你为什么不主动跟人家打个招呼呢？说不定你们还能成为朋友。"

同事摇头："现在的人，哪里那么容易和你做朋友啊。"

我反驳他："不试试你怎么知道？"

后来某一天同事美滋滋地来上班，他找到我："上次我给你讲的那个地铁奇遇，有后续了。"

我很感兴趣地问："快讲！"

"我今天跟他打招呼了。"

"然后呢？"

"他挺高兴地和我聊了起来,你知道不,他还真住在我家隔壁的小区,而且他也喜欢打乒乓球,以后周末我有球友了。"

看同事这么开心,我也替他高兴:"你看,你要是提前和人家打招呼,你就能提前过上有球友的日子。"

同事高兴地说:"不迟不迟。不过真是开心,以后又多了一个朋友。"

的确,很多人都因为自己的性格常常会失去结交朋友的机会,其实在某些时候,我们只要克服自己那点小小的心理障碍,我们就会发现,自己的朋友开始慢慢地变多,自己的交际能力也开始慢慢地提升。

我的同事就是克服了对陌生人不信任的心理,成功地与"地铁友人"对话,这让他从此多了一个朋友。

我认识一名小有名气的美女作家,她刚出道时十分引人注目。因为人年轻,长相秀美,文字犀利且有见地,所以很多人都看好她,认为此女子有可能会成为又一个张爱玲,名扬整个华语文坛。但结果,这个美女作家之后的发展趋势却日渐衰败,多年后的成绩竟然还不如刚出道时风光。

按理说她的文字水平明显渐长,发展趋势自然应该越来越好才对,为什么现在却呈现颓败之势呢?原来,这位美女作家就输在自己对待陌生人的态度上。

一次某出版社聚会,美女作家一人坐在角落发呆,这时过来一位长者,他手里拿着美女作家的新书,很温和地问道:"我很喜欢你的文字,你可不可以帮我在书的扉页上写几个字呢?"

美女作家一看是个自己不认识的老者,于是很冷淡地回答:"不好意思,我没带笔。"

其实对方已经把准备好的书和笔递到美女作家的面前,但美女作家如此这般的回答显而易见就是在告诉老者:"我就是不想给你签名留字!"

老者沉默离去。

美女作家与老者再见面是在一家大型出版社,这时她才知道,前些天问自己要签名的老者原来是新调来的社长,后悔晚矣。而这种类似的情况多了,她在文化圈里的口碑也差了。

其实大家都知道"多个朋友,多条出路"的道理,但真正要付诸行动,却又没几个人能做到。细数大家不愿意与陌生人接触的原因,无非就是——

拉不下面子、觉得陌生的就是危险的、不知道如何开口、感觉对方很难相处、不想碰壁、不想和陌生人说话……

在这种情况下我们为什么不转化下思维呢?别把跟陌生人聊天当做一个任务,而是把它当成一次无关紧要的闲聊。在这种心境下,紧张、羞涩等坏情绪都会一扫而空,而轻松的感觉也会给你们的交谈带来一个好的开始。

比如我们可以从真诚地赞美别人的鞋子、发型、包包或者某件饰品开始我们的交谈。

再比如我们可以对陌生人说:"你走过来时,我瞧你挺面熟,很像我的一位朋友。"如此一来就建立起谈话的契机了。

人际关系基本规则

你对别人好奇,别人也对你好奇,你能增加他们的生活情趣,他们也能增加你的生活情趣。因此,把与陌生人聊天当成是一种轻松的闲谈,那么你沟通成功的机会将大大增加。

在生活中,我们只要把与陌生人聊天当成是一件轻松愉快的事情,相信很快你就会发现自己的交际圈子在慢慢扩大,朋友也在慢慢增多,随之而来的,便是不同的惊喜和快乐。

在工作上接触陌生人也是同样的道理,我们完全不用一见面就谈公事,一副公事公办的样子只会让工作上的陌生人越来越多,朋友越来越少，而发展之路也会越走越窄。其实，以一个轻松的话题开始我们的工作，往往能让对方感觉放松和亲切，我们的工作也能更加顺利和有效地完成。

所以，不论到何处，我们都应该尽量以愉快的心情、甜美的微笑去面对别人，诚恳地与人交谈，不要怕表错情。久而久之，你将发现自己的生活充满乐趣，和陌生人之间的隔阂也很容易消除。

有时候"势利"一点也无妨

"势利"是一个贬义词。但从它存在的普遍性上看，势利又似乎植根于人的天性之中。

像植物和昆虫的趋光性一样，人趋向利益以及利益的变体：名誉、地位、虚荣，并乐于展示自己。

既然势利类似天性，就不应受到人们那么多苛责。

"谁能给我带来最大的利益，谁就优先"——这种思维泛而化之，就是我们常说的势利眼吧。这种思维曾经被人贬得一无是处，我们每当有这种想法时就会产生一种罪恶感。

有人曾向我诉说她的苦恼："我有几个一起长大的好朋友，现在过得都不是很好，我们常常一起聚会，但内容都是抱怨、发牢骚，每次聚会完我都会觉得心情很糟糕。我也很同情她们的遭遇，但她们怨天尤人的思维方式我并不赞同，可疏远她们我又觉得自己太势利了。"

其实，这种势利我们在某种程度上也需要。朋友之间需要倾诉痛苦，但真正的益友之间应该是分享智慧和快乐。

有时候，我们确实需要问一问自己——为什么不势利一点？

特别是在人际关系这一环，有时候"势利"一点真的不坏。我在美国工作的朋友曾给我讲过这么一个故事：

美国人奥兰多尔刚大学毕业就遇上美国经济萧条，工作很难找，他跑了许多家企业，但都因为经济不景气、公司裁员而被拒绝。好在奥兰多尔学的专业是社会学，对政商两界的一些重要人物非常了解。

詹姆斯·宾利，当时美国最大的脚踏车制造公司的董事长，在3年前因为税务问题而入狱服刑。奥兰多尔通过一位记者朋友了解到别人控诉詹姆斯·宾利逃税的案件有些失实，于是冒充记者赴监狱采访他，写了几篇公正的报道，在一些刊物上发表，这件事使詹姆斯·宾利非常感激他。

詹姆斯·宾利出狱后对奥兰多尔说："朋友，如果你想找个更好的工作，也许我可以帮忙。"奥兰多尔十分干脆地答应了，因为这正是他所期望的。就这样，奥兰多尔有了一份新工作，而且拥有很高的薪水和优厚的福利。

这不仅是一份工作，更是一份事业。30年后，奥兰多尔已成为全美著名的脚踏车制造公司的大股东兼总经理了。

取得成功后的奥兰多尔说："结交一个有用的朋友，就像是挖了一口井，付出的是一点点汗水，得到的是源源不断的泉水。我的命运之所以会发生这样巨大的改变，完全取决于当初认识的一个朋友——詹姆斯·宾利。"

奥兰多尔的这种"势利"交友法就是他成功的关键，可见，在人际关系上，偶尔"势利"一点其实是有利无害的。

那么，"势利"交友这种策略应该如何操作呢？

交朋友也要有目标，只有找对自己有所帮助的人，与之联系，建立关系才是最佳的选择。在现实生活中，只凭情感去交朋友是不明智的，因为你难以预料后果。真正明智的人在交朋友的时候，是会多方考虑的。

有关系、有能力的人，人人都愿结交；有财力、有势力的人，更是人人都想攀附的；而对于没有任何优势与能力的人，大家自然敬而远之。

我们在选择朋友时应该考虑到这种互利的关系，只有这样才能对改变自己的命运有所帮助。

在人际关系这一点上，"势利"其实是一种远见，它能为我们带来的好处绝对不会只有交好运这一点。

人际关系基本规则

我们虽然要"势利"一点，但却要同时提防身边太过势利的人，这类人我们是断然不能交往的，因为他们会给你的生活和工作带来意想不到的"灾难"：

- 喜欢搬弄是非的人

这种人极端自私，喜欢按照自己的喜恶标准和个人利益得失来判断事物的好坏。

这种人特别喜欢把道听途说的事情添油加醋地到处散播，他们的破坏力往往超过你的想象。

- 善于阳奉阴违的人

这种人是"当面一套，背后一套"，当着你的面可以把你捧得上天入地，而背着你又会把你贬得一钱不值。

这种人是最能瓦解团队斗志，最能造成朋友间、同事间不团结的势利小人。因此，对付这种人的最好办法就是避而远之。

- 缺乏基本道义的人

不管学历有多高，受教育的时间有多长，有的人就是天生缺乏道德修养，缺乏基本的道义和礼仪。

当身边的朋友遇到困难的时候，基本上是很难得到这种人的帮助的，不仅如此，这种人的为人处世方式让人侧目。如在公众场所随口吐痰或乱丢垃圾，在公众场合经常做一些破坏性的事情，乘坐公共交通不给老人让座，捐款捐物时经常缺席等，虽说不是什么大不了的事情，但说明他缺少最基本的道德修养。

- 缺乏团队意识的人

一个团队中时常会有那么几个或个别人缺乏团队意识，如没有严格的作息时间，没有严密的工作计划，没有严谨的工作态度等。

在团队中绝大多数人老是在为个别人的自以为是付出代价时，你就会非常厌恶这些人，自然而然地排斥他们，产生不想和这类人共事的想法，这是一件很自然的事情，毕竟在我们为事业奋斗的过程中，每个人的团队意识和团队精神都会影响到我们整个事业的成败。

- 过于自私自利的人

有的人把自己的利益看得比西瓜大，把集体和团队的荣誉看得比芝麻小。做任何事情之前首先要权衡自己的利害得失，对自己有利的事情是削尖脑袋往里钻，对无利可图的事情，不管别人怎么动员就是无动于衷。

这种人经常会为几块钱而找你理论，为加班调休安排找你评理。他们习惯性地用放大镜来看别人的缺点，而对自己的缺点视而不见。和这种比"铁公鸡"还厉害的"糖公鸡"共事或做朋友，每次都会"粘掉你一层皮"，让你望而生畏。

- 缺乏感恩之心的人

古话有云："吃水不忘挖井人"，"滴水之恩当涌泉相报"，说的就是人应该知恩图报。我们千万要提防那些过河拆桥的势利之人，这些人不值得我们帮助和结交。

努力记住他人的每一件"小事"

我先来讲几个在现实生活中发生过的故事：

年轻的纽约商人兼政治家威廉·比尔十分不喜欢马可·汉纳，他甚至都不想见到汉纳。

当时，马可·汉纳是克里夫兰的大商人，几乎是闻名世界的美国政坛风云人物。麦金利正是在汉纳的帮助下，才于1896年顺利当选为总统的，并且是他的坚持才使美国采用了金本位制。

尽管如此，在年轻的威廉·比尔眼里，汉纳也不过就是个笨蛋。而比尔之所以这么讨厌汉纳，仅仅是因为他在偶然间看到了一家报纸上刊登的诋毁汉纳的失实报道，于是便感觉汉纳十分恶劣，视汉纳如瘟疫，避之唯恐不及。

后来，有朋友劝比尔，如果想在政坛上有所作为的话，最好还是见一下这位共和党领袖。权衡利弊之后，比尔才决定退一步，登门拜访汉纳。

比尔在南方某个宾馆的一间拥挤而喧哗的房间里见到了汉纳。当时汉纳十分沉静，穿着一身灰色的衣服，安静地坐在椅子上，旁边放着一杯水。

经过介绍之后，汉纳就开始和这位对自己有所不满的人聊天，汉纳滔滔不绝地说了很多话，多得让他人没有插嘴的余地。

出乎意料的是，比尔发现汉纳从头到尾讲的都是与他有关的事，比如汉纳讲到了关于比尔父亲的事。汉纳说："你来自俄亥俄州吧？你父亲是不是比尔法官？"

汉纳的话让比尔目瞪口呆。

汉纳继续讲："你父亲可害得我几个朋友在一次石油生意上损失了许多钱呢！"讲到这，汉纳又说："我想你是不是有一位伯父在阿霭兰？我认识他……"

一番闲聊之后，比尔觉得自己得到了前所未有的尊重，因为汉纳这么繁忙的一个政治家居然对自己的小事都了如指掌，这是多么亲切而礼貌的举动啊。

然后，比尔和汉纳交谈了自己的政治意见和看法，汉纳都认真地倾听，并适时地探讨，两人相谈甚欢，比尔对汉纳的偏见也由此消除。

几天后，威廉·比尔就成了汉纳忠诚的支持者。在此后的几年中，比尔都一直在为自己一度最厌恶的汉纳服务。

汉纳成功地"虏获"了比尔的心，就是因为他成功地记住了比尔身上的很多"小事"，并且适时表达了出来，这让比尔觉得自己受到了相当的礼遇和尊重，从而对汉纳好感倍增，而汉纳也从此多了一个事业上的助手和支持者。

塞乐司·克提斯先生曾是《星期六晚报》和《妇女家庭杂志》的出版商，在他年轻的时候，就懂得如何运用"努力记住他人的每一件小事"的策略以取得巨大成功。

起初，他在缅因州波特兰的一家卖织品的店里学做生意，学徒期刚过，他就开始独立创业，办了一份微型杂志，就是如今名满天下的《妇女家庭杂志》。

在当时，如果想提高杂志的销售量，最好能刊登一些著名作家的文章，可没有一个著名作家会替这样微不足道的小杂志写文章。因此，克提斯得与一些名人建立关系才行。路易莎·沃尔科特女士就是当时著名作家中最受欢迎的一位。不久以后，这位作家帮克提斯扭转了命运。

一天，克提斯听说这位女作家对慈善事业十分热心。

根据爱德华·博克的记载："这位能力非凡的约稿专家将矛头对准了那位女作家，他以给她的慈善事业捐100美元为代价邀请她写一篇文章。"

对于一个热衷于慈善事业的人来说，这个条件确实充满了诱惑。于是，她十分高兴地为他写了一篇文章，他则将一张100美元的支票送给她作为回报。

其实，克提斯只是在名义上把支付给女作家的稿费做了改动，投他人之所好，就轻而易举地使这位女士转变了对自己杂志的态度，获得了她的好感，顺利地渡过了他出版事业的第一个难关。

英国著名外交家弗利德克·汉密尔顿爵士在他的事业起步之时,也曾运用过类似的策略来对付一位十分难缠的老绅士。

汉密尔顿初入外交界的时候,特别想与里斯本的意大利主教普里·家希奥攀交情。

在"巴结"主教之前,汉密尔顿已经打听到,这位主教对一般人是绝不会注意的,但是他有一个特殊的嗜好——喜欢美味佳肴与高超的烹饪技术。

于是,汉密尔顿悉心收集了很多意大利烹调方法,在与主教交谈时,他表现得十分感兴趣。

自此以后,汉密尔顿就成了主教最欢迎的客人。他们总会讨论烹饪技术,直到主教双眼发光,大流口水为止。

当汉密尔顿将要结束他的任期时,他回忆到:"意大利主教对我说,我是他认识的年轻人中学识最渊博的人。我的谈话能让他很开心,在这个基础上,我所遇到的很多棘手的事情都变得容易解决了。"

很多成功人士之所以会成功,就是因为他们能够竭力关注他人,以及与他人相关的事情。这既是解决问题的一种策略,同时,也会赢得人们的好感。

人际关系基本规则

美国一家银行的行长劳伦斯·怀延是芝加哥金融界一位敏锐而博学的人物,他明白如何适当地去向他人发问。在交谈中,劳伦斯总会在适当的时刻顺便问一两句你的私人事情,以表示他在记挂你。

当工作伙伴、朋友,甚至是一些只见过几面的人登门拜访时,他常常会笑着问:"最近,你还打牌吗?""你又去那什维尔了吗?""你的那个孩子又赢得了几次赛马?"正是因为怀有这种礼貌的关注,使得他在业界口碑极佳，工作与生活都顺风顺水。

"努力记住他人的每一件小事"这个交际方法做起来是十分容易的，也许正是如此，人们才最容易忽略它。

我们是否只记得与自己有关的事，而忘记他人的事？正是因为如此，我们没有超级好人缘。但这并不代表我们不能拥有。对身边的人多用一点心，就能得到很大的回报。

找到你人生中的"贵人"，并和他（她）成为朋友

曾国藩说过："一生之成败，皆关乎朋友之贤否，不可不慎也。"

一个人的一生，如果交到几个"贵人"朋友，不仅可以得到情感的慰藉，而且朋友之间可以互相激励，成为事业成功的基石。

所以，交朋友不可不选择，很多时候，结交朋友就是改变自己命运的关键。

我朋友的侄子黄仕杰与同学杜德维从同一所大学的印刷专业毕业，又同时签约在一家公司。原指望能成为办公室中的一员，可是万万没有想到，公司规定，新来的大学生必须先到车间工作一年后才能调动到办公室。

两人从师兄师姐那里打听到，车间工作比想象中的还辛苦：轰鸣的机器声，刺鼻的油墨味，白晚班12小时连班倒，周末还得经常加班，很少有人能在那里撑到一年。两人一听顿时对未来失去了信心。

于是，黄仕杰和杜德维开始四处找人帮忙，但他们初来乍到，认识的都是和自己一样的实习生，这些朋友怎么可能帮到自己呢？两人在高人的指点下，开始寻找"含金量"高的朋友，希望能从朋友那里找到解

决的办法。

很快,黄仕杰发现了一个可以帮助他的贵人——公司生产总监邓总,于是他开始想办法与之结交。

正巧,董事长请刚进入公司的新人吃饭,鼓励大家迎接即将开始的工作,公司各事业部老总也出席了晚宴。黄仕杰看准机会,坐到了邓总的旁边,两小时的饭局,黄仕杰成功地让生产总监记住了自己的名字。

在此后一个月的工作培训中,黄仕杰经常到邓总的办公室走动,早上给邓总带早餐,训练结束了,黄仕杰和邓总也变成了好朋友。

在分配工作岗位的时候,邓总把黄仕杰叫到办公室,说:"我这办公室的秘书刚刚走了,你就接替他的职位吧。好好干,作为朋友兼上司,我相信你能行!"

杜德维眼看着黄仕杰通过这么一位"贵人"朋友而平步青云,既羡慕又懊悔:"自己为什么没有这样一位朋友帮助呢?"

无奈之下,杜德维只得到车间工作,半年之后,黄仕杰升为助理,而杜德维早已经辞职离开了。

可见,结交一位"贵人"朋友,对未来事业的发展是多么的重要。

自己走百步,不如"贵人"扶你走一步。我们在工作中和生活中都要多结交含金量高的"贵人",这样才能在人生路上左右逢源,立于不败之地。

香港有名的实业家李景全,就是一个得朋友相助而成为富人的典型。从一个一文不名的穷人,到香港小有名气的实业家,李景全的成功之路给了我们许多启示。

李景全的建超实业公司,年营业额达7000万港元以上。当年独立门户时,李景全只有18岁,他在创业历程中曾得到朋友曾文忠的大力帮助。

李景全不到18岁便辍学,开始了给人打工的生涯。

他的第一份工作是在一家电子公司当电子零件推销员。名为推销,实际上就是一个送货员。他在这家公司虽然只干了一年，但却接触了很多电脑行家，其中就包括曾文忠。

在工作期间，他逐渐对电脑业产生了兴趣，想自己创业当老板。于是拿出2万元积蓄和别人开了一家小型工厂，专替电脑商装嵌电脑界面板。

但由于经验不足，加上合伙人的轻视，李景全和合伙人分道扬镳。最后，李景全退还合伙人2万元股钱，从此该工厂归他一人所有。而此时公司已经欠债20多万元！但李景全并没有被打垮，而是以积极的心态去面对。他找来一帮同学帮忙，短短时间，公司每月的交易额达到50万元，半年后就把所有的债务还清了。

尽管如此，公司此后的业绩却一直平平，直到遇到朋友曾文忠。曾文忠这时已经成为香港有名的电脑商。1985年，他的海洋电脑公司有意扩展业务，希望设厂进行生产，于是他想到了以前认识的李景全。

曾文忠认为李景全年轻有朝气，可以放心地与他合作，而李景全正想企业能有个大的突破，于是双方签下合作协议，正式成为合作伙伴。之后，在曾文忠的支持下，李景全的公司业务蒸蒸日上。

几年后他到深圳设厂，将台湾的业务也抢过来不少。到1990年，工厂营业额已近7000万港元，成为香港生产小型电脑板的著名厂家之一。

李景全的成功，朋友曾文忠起了很大的作用。试想，如果李景全没有遇到曾文忠，那么，李景全即使会成功，也不可能那么顺利。

气球飞不起来，是因为它没有被打气；一个人生命中如果没有朋友相助，道路就会很艰辛。放眼天下成功人士，在他们奋斗的过程中，都曾得到过"贵人"朋友的支持，正因如此，他们才度过了人生中最艰难的时期，缩短了创业的时间，走向了辉煌。

对于一个渴望成功的人来说，"贵人"朋友可谓生命中的一个支点，凭着它，可以轻松撬起不轻松的人生，让自己的生命绽放美丽之花。

积累人脉的目的无非是希望自己在关键时刻得到帮助，能助我们一臂之力的人，我们称之为"贵人"。虽然"贵人"身上并没有贴标签，我们不能将其一眼认出，但是，他存在于我们生命的每个阶段，等着我们去发现和挖掘。那么，如何寻找你生命中的"贵人"呢？

1. 要做一个积极参与的人，而非旁观者

能够对你有所帮助的人，不是毫无机缘地就会出现，他需要你用心去寻找，需要积极主动地投入和参与。

2. 扩大接触面以求"贵人"

人与人之间偶尔的相遇是经常的，但是遇到能助自己一臂之力的"贵人"却不是一件容易的事情。所以，你可以通过扩大自己的接触面来寻找"贵人"，比如多参加一些宴会。因为在一些高级的宴会上通常都是"贵人"的集合地。

你还应该注意，在宴会或研习会上，那些大人物通常不会逗留到最后。至于那些在正式宴会举行后的后续聚会上，来回流连的人，他们也绝对不会是你所要找的"贵人"。

当然，宴会后的交往也很重要，因为在宴会上毕竟不能完全了解彼此，而且在宴会上你也并不能认定某个人就是你的"贵人"。这就需要你在以后的日常生活中，多花一些时间去接触和了解对方，同时也给对方机会认识自己。

如果对方是一个"大人物"，并且对你比较欣赏，在以后的日子里，他就很有可能成为你的"贵人"。

此外，找"贵人"时有两点还需要注意：

1. 不要舍近求远

离你最近的人了解你是最多的，他更能知道你"好用"还是"不好用"，所以，他的推荐往往成功率较大。

2. 不要有恃无恐

拉拢到高层这一类"贵人"时，切忌张扬，以免遭人嫉恨，否则很可能会"偷鸡不成蚀把米"。

人际关系基本规则

找"贵人"朋友确实重要,但是不是每一个"贵人"都适合跟你做朋友呢?答案当然是否定的。在我们面对"贵人"降临时,千万不要被喜悦冲昏了头脑,这个时候,你一定要好好考虑清楚,眼前的这个"贵人"到底是否适合做朋友——

- 这位"贵人"朋友是否有能力

一个强有力的朋友不见得要求职位有多高,但他应该是一位非凡的人物,应该具有强烈的自信和坚定的信念,有着冷静灵活的头脑和长远的眼光,这一切需要你发挥灵敏的嗅觉把他们从生活中找出来,并且抓住机会,成功进入他的圈子。

头衔并不一定能说明这个人能力的大小,因此当你估计你未来朋友的影响力大小的时候,一定要仔细慎重。

- 这位"贵人"朋友是否是一个好老师

一个好的朋友能够对你指点迷津。由于能力以及经验等各方面的欠缺,也许你花一辈子也想不明白的事情,或者你可能暂时办不到的事情,在求助良师益友之后就能迎刃而解。

同时,通过和亦师亦友的朋友接触交流,你可以仔细观察他、学习他,这样你就能获得飞速的进步。

- 你的观点和价值观念同这位"贵人"朋友是否吻合

如果你的未来的朋友对人生价值的理解和职业道路的观点和你的不一样,你就要和他多多接触,了解他关于人生价值和职业道路的真正看法。

通过对上面问题的判断,你就会对身边那些有可能成为"贵人"朋友的人有清晰的认识,只有与这样的朋友结交,才可能真正改变你的命运,帮助你走向成功。

努力让自己成为对别人有用的人

这个题目看上去是不是感觉怪势利的？那换个说法好了——成为一个被别人需要的人。顺眼点没有？其实都是一个意思，一个是经济学名称、一个是心理学表述而已。

不管是做管理也好，做营销也好，做技术也好，一个人的价值取决于以下两方面：

1. 你对别人有多大的利用价值

一个人的利用价值其实也决定了他被别人需要的程度。营销的产品别人需要了就会购买，没有需求的产品自然没有市场。

为什么大卖场正在取代百货商场？因为其宽广的面积可以让顾客走出更长的购物路线，特别设计的产品摆设会不断创造出需求。本来一个顾客只想买大米的，经过水果架前看见新鲜的水果就会想吃完饭要吃个水果帮助消化，营业额自然就上去了。

同理，一个人除了在自己的专业方面满足客户、同事、朋友的需求以外，还要看看是否可以创造出客户、同事、朋友对自己的需求。

举例说，一个做理财的大学毕业生，能否多了解一下某个大客户的家庭？如对这个大客户正在上大学的儿子提供一些学业上和学业外的指导建议，要是客户的儿子总是有求于你，这个客户就要想办法留住你的心了，这是"在红海中发现蓝海"的方法。

2. 你的利用价值是否不可替代

一个人要想独一无二，就需要在某些方面具有不可替代的垄断能力。人的精力是有限的，要在某个方面特别突出就必须根据自己的兴趣和特长选择一个去做到卓越——不是优秀而是卓越。

有一种很漂亮的绿虾，它一天到晚就待在鳊鱼的嘴里，人们常说"大鱼吃小鱼，小鱼吃虾米"，可这绿虾为什么要钻进鳊鱼的嘴里，而鳊鱼又不吃它呢？

原来鳊鱼把绿虾含在嘴里，是利用绿虾的身体晃动吸引其他小鱼，从而满足自己的胃口。

生活在非洲的犀牛，是一种很凶猛的动物，很少有其他动物敢靠近它，但我们看到，犀牛的背上总有几只小白鸟在那儿撒欢。

这是因为，犀牛需要小白鸟为它清理身上的寄生虫，而小白鸟又总能在犀牛的背上获得"美味佳肴"。

类似于这样的事情还有很多。看似不可能"和平共处"的双方，却能相安无事，合作得挺好，这里面有个很关键的原因是——彼此之间有互相利用的价值。

如果把眼光再放到我们自己的身上，就会发现，自然界的这个现象在我们的日常生活中也同样存在。

不论是在家里还是在单位，不论是对亲朋好友还是同事，要想被他人接纳，并得到认同，你就必须努力成为一个对他人来说有用的人。

能力大的人做大事，能力小的人做小事，只要你还能为社会做些什么，就一定能够找到体现自身价值的地方。

有些人在单位里不受重用，除了客观原因外，也应该在主观上找找原因。倘若你在这个企业里什么也做不了，对企业来说是个无用之人，那又怎么可能让同事和老板尊重你、重用你呢？

当然了，也有可能是你的才能无法在这里施展，如果真的是这样，你可以选择"挪窝"。但是你必须知道自己的长处，认清自己到底适合做什么，能做什么，你才能在未来的工作中如鱼得水，才能成为对别人有用的人。

不论在哪里，努力去做一个对社会、对他人有用的人，就一定会找到属于自己的位置。

=== 人际关系基本规则 ===

成为对别人而言"有用的"、"必不可少"的人这个过程，展示的是一种姿态，得到的是相应的地位。如果你成为公司必不可少的人才，那么无论是在机会方面还是酬劳方面都会得到满足。但是想成为公司里的重要人物，必然要付出很多的艰辛，这也是锻造你成为支柱的必要过程。

每个人都有着独特的天赋，检视和发现自己的天赋和特长，利用你的长处为别人服务、满足别人的需求，这就是获得更多财富的捷径。

一定要淘汰你的"垃圾"朋友

每一个社会人，在人生的旅途中，会有许多的朋友，有患难中相互支撑的，有工作上需要合作的，有闲暇时寻求娱乐的等等，可真正意义上的朋友，当是"人生得一知己足矣，斯世当以同怀视之"。交一知心朋友不易，需要真情，需要真心，需要相互砥砺。

物以类聚、人以群分，起初的朋友，逐日逐月逐年地淘汰，也许这正是"人以群分"的实现形式。

最近，我淘汰了一个朋友，我感到心里是轻松的，无憾的。

刚参加工作时，单位一穷二白。就职时的单位办公室是那种20世纪80年代建起的老旧平房，屋里的八张办公桌大都是那种简单得不能再简单的"三抽桌"，即四条腿撑着三个抽屉加一个平面的桌子，但还有两张当时非常时兴的"写字台"，且是新的，单位领导也十分珍爱那样的办公桌。

也许是领导的照顾，也许是由于正好有一老同志不常用，刚刚参加工作的我有幸用上了一张，那叫一个高兴。写字台上压一玻璃板，玻璃板下压些信息表，再在空闲处夹上几张风光图片。

可有一天，我发现玻璃板边上露着的桌面上多了一道刀痕，又直又长又深。很明显，这是裁切纸张留下的刀痕。

在我发现的同时，同屋的人已告知我是谁切纸时留下的。说来也巧，正好单位的领导和做这事的同事刚从外面一前一后进到屋内，领导还发现了那道刀痕，就当面责怪我，话不重，但字字如针，教诲中还是夹杂着不爱护公共财物的话语。

可奇怪的是，领导批评我时，那同事却若无其事，并没有承担责任，难道他真以为这事与他无关？

这让我第一次对这位同事多了一份戒心——我心已明：他不是一个敢作敢当的人。

前些年，单位要求公益献血，我对这位同事再次有了认识。由于刚刚开始公益献血，社会环境对这样的工作还不认可，甚至好多人认为献血是"伤元气"，会"伤身损寿"，如此等等。

单位的献血者也不踊跃，在此情况下，各单位在大力宣传义务献血的意义时，还对献血者有一定的现金补贴，这是初期献血时的普遍做法。于是，这位同事每次献血时都是第一个报名，表现相当积极，并都能得到领导的表扬。

可接下来，等到具体献血时，他便到献血站附近去找外地的民工冒名顶替，其后，便将从单位得到的2000元补贴支付给民工200元。既积极报名赢得领导的褒奖，又完成献血任务，还得到了绝大部分福利补贴，一石三鸟，妙哉。

同事们都知道他那套把戏，之所以没去揭穿，是因为他在领导面前能说会做，正得到领导的赏识，没有人屑于成为他的对立面。

我心再明：他是一个善于投机的人。

岁月里识人，风雨中觅情。经过多年的观察，这位同事在对待家中老幼种种的不亲切，对待朋友种种的不实在，对待同事种种的不真诚，让我渐渐疏远他。甚而与他交从甚密的人，也成了我戒防的对象。

在我看来，心无交集乃陌路之人，即使这人有多大的官，多高的阶，多显的位，多强的势，多富的家，那也犹如肺叶里爬出来的污物，让人唾之于角落！

就这样，我将他从我真正的朋友名单里删除了。

朋友其实就是知音的代名词，与金子般的情谊同义。以真情为基础，岁月为砖石，才能筑起信任和忠诚的大厦。

有的人滥交朋友，只因心中不纯，眼睛盯利，只是觉得朋友越多，在社会上就越能吃得开。而实际上朋友场里就像竹林一样，太密集会造成养料和空间不足，需要适时挖笋和砍伐，竹林才能长得旺盛。

借钱时，才发现朋友是多么之少，患难时，才感到知己是多么难求。因此，古人会说：人生得一知己足矣。

平常百姓总结：识遍天下人，知音有几人？纵观有些人的朋友，就不是"秤锤虽小压千斤"之人，而是"气泡虽大无斤两"之辈，这些一面之交和势利之交，全然没有真情实意，有的只是利用和攀缘，这种别有用心的朋友，还不如大刀阔斧砍掉。

还有的朋友往往初会时热情如火，求人时好话说尽，事成后却不思量。对那些薄情寡义之交，也要精简割舍，不然它就会像淤泥一样越积越多，情感的河道就不畅通了。

朋友可以使你获得人格的熏陶、道德的感召和思想的升华；而不少人也因为交了坏朋友而多了一次犯罪机会、一根上吊绳子、一纸判刑证据。

朋友，是一个崇高的字眼，如今又是一个泛滥的字眼。因着真心朋友的难能可贵，便有假冒伪劣的东西出来。

虚假的友谊也会披着华丽的外衣，在生活中大跳"假面舞"。一个人稍不注意，便会因交友不慎而抱憾。

阿拉伯名著《卡里莱和笛木乃》中有一段名言："道义之交是纯洁的；

利益之交虽然给人以恩惠，其目的总是以利为主。正如猎人给禽兽食物一样。他并不是施恩，而是意在取利。"

在某种意义上，交友也是选择命运，是康庄大道还是泥泞小路，是救命稻草还是圈套，每个人都要仔细判断。

人的一生如果交上好的朋友，真是一种莫大的幸福。

淘汰朋友，就是说交朋友要少而精，对那些别有用心、总在算计的朋友，还是早早剔除为好。他可能是颗定时炸弹，不知何时爆发。有人没有死在刀下，却栽在蜜里，往往是交友不慎之故。

人际关系基本规则

有的人朋友多如天上星，众星捧月好威风，但往往他们只是盯着你手中有权，大加利用。有时从门庭若市到门可罗雀只是一瞬间的事。曹植诗云："利剑不在掌，结友何须多！"

有的人口口声声说朋友多，路道广，其实真正的朋友恐怕一个也没有，看似路广实则死路一条！对这种人，我们大可不必羡慕。

现今生活中还出现了不少打引号的朋友，利益放头上，信义放一旁，当面拍胸脯，事后拍屁股走人的。更有甚者，"朋友的钱最好骗"，有人往往就从要好的人之中下手。

交朋友是一个大浪淘沙的过程，是开始做加法然后逐渐做减法的过程。识遍天下人，知音有几个？交朋友还是精益求精的好。

互相利用的朋友即便有一列车，还不如肝胆相照的朋友仅有一人。

6 Chapter

为人处世最容易犯的错误

不良的个性是成功的绊脚石
别总沉浸在自己的小世界里
做事拖延会让你失去很多机会
凡事别太较真
不会有人喜欢爱抱怨的人
忘根忘本的人会跌得很惨

不良的个性是成功的绊脚石

有时候，我们努力了很久，也自认为做得都不错了，却迟迟得不到他人的肯定，甚至迟迟看不到成功的迹象，这究竟是为什么呢？是我们努力的方向不对，还是我们努力的程度不够？

其实，以上或许都不是我们不成功的根本原因。有时候，当我们一直以百分之一百的热情在事业大道上奔跑时，偶尔，也应该停下来问问自己，我之所以还未跑到目的地，是不是因为我的个性中，有些什么缺陷呢？

杨晓松是一名销售人员，当他还在公司底层的时候，就一直很努力地工作，每次拜访客户也非常勤奋。别人还没起床的时候，他就已经坐在了前往公司的车上，当别人早已下班回家，吃上香喷喷的热饭热菜的时候，他才刚刚拜访完最后一个客户，满身疲惫地走在回家的路上。

有一次，有一个客户在跟他谈话时，过了半晌，突然对他说："小杨，你有一个缺点，你自己知道吗？"

杨晓松一听，顿时紧张起来，他赶忙回问客户："宋先生，您说我有缺点，我还真的不知道。您一定要给我指点指点啊。"

宋先生一见他紧张的神情，突然就笑了出来，他拍了拍杨晓松的肩胯，说："小杨啊，我知道，你一直很努力。我跟你们公司的大部分业务员都接触过，就你对待客户是最为认真的。这一点，我很欣赏，不过……"他看了杨晓松一眼，又继续说道："你的个性上，有很大的缺陷。你虽然做事认真，但为人却太过高调，对一些细节太不注意了，给人的印象，也太过乖张。"

杨晓松一听，赶忙向他求教。宋先生见杨晓松一脸诚恳的样子，就继续对他说道："比方说，上一次，我跟你谈事情，就完全是你一个人在那里侃侃而谈，完全没有顾及我的感受，你甚至没有仔细听我在说些什么，就一个劲儿地卖弄你的专业知识。说起来，如果不是因为你每次都主动给我打电话，言语之间也很客气，待人也很诚恳，我是绝对不会再和你谈生意了。"

听到宋先生这么说，杨晓松吓出了一身冷汗。仔细想想，自己平时的行为举止，的确是太过高调了一些。老板也曾经提醒过自己，做人不要太过乖张，要给对方留有足够的空间和余地，不要一直滔滔不绝地发表自己的言论和想法，却连对方是否能接受这些想法都不曾留意。

自那之后，杨晓松就开始刻意改变自己的言行了。每一次拜访客户，他都会认真倾听对方的讲述，然后再低调地发表自己的言论。他用心对待每一位客户的需求，也不再将自己的专业知识强加在客户身上。这样，虽然他用在每一位客户身上的时间多了起来，每天接待客户的人数也少了许多，但他的签单率却节节攀升，不久之后，就成了公司的金牌业务员。

一个良好的个性，最容易给人留下好的印象。但对于独生子女来说，由于从小娇生惯养，要养成一个良好的性格，却不是一件容易的事情。但若是能对自己的性格有所自知，并及时避免性格中的缺陷给别人造成影响，倒也无大碍。问题是，若是对自己的坏个性一无所知，却又不及时改正，则真的有可能成为成功路上的绊脚石，影响一生的前途。

徐文华是家里的独生子，他的父亲，是市里一位在位的高官。当徐文华提出想要到一家知名的国企"锻炼"一下时,他的父亲欣然同意,并委托了一个朋友做推荐,让徐文华在这家企业里做了一个薪水不菲的文职工作。

国企里的日子必然是无聊又难熬的,但徐文华本就没有打算在这里好好工作。他看中的,是这里宽松的工作时间。他在这里可以随便上网打游戏,和女同事聊天,即便什么事都不做,也不用担心月底拿不到薪水。

有一天,企业里的上级领导来视察,当他视察到徐文华的办公室时,发现新配置的电脑上,正显示着一款画面精美的游戏界面。领导皱了皱眉头,问:"这是谁的电脑,还有没有规矩了,上班时间,怎么能用公家的电脑打游戏呢?"

正当领导大发雷霆的时候,徐文华端着一杯水从走廊走了过来,领导正要发作,旁边有个人拉了拉领导的衣袖,悄悄地说:"这是徐局的儿子。"领导动了动嘴,将怒火压了下去,鼻子里"哼"了一声,就离开了徐文华的办公室。

然而,正当大家都为他捏了一把汗的时候,徐文华却一脸不以为然:"我平时该做的工作已经全都做完了,休息时间打打游戏,难道不可以吗?再说了,出了事,有我爸顶着呢,我都不怕,你们怕个屁啊?"

没想到,就在他说完这句话的第二天,上头下达了处罚命令:徐文华工作期间,利用公家的电脑做私人事情,此举违反了企业公物不得私用的明文规定,特记大过一次。"

徐文华得知上头的这个决定,感到有些惊讶,但他依然没当回事。可是,就在他回到家之后,却被父亲劈头盖脸痛骂了一顿:"臭小子,叫你低调些,低调些,你在单位里都干了些什么啊?你的劣迹,都传到我领导的耳朵里了,今天,就为了你的事,领导将我狠狠地批评了一顿,说我教子无方。"

许多人可能会认为,只要拥有一个权势极大的父亲,就能有恃无恐,对其他人都不放在眼里。但如果一个权势极大的父亲,却不小心生了一个一点儿也不懂得收敛、不懂得审时度势的儿子，那实在是一个悲剧。

因为，若是儿子不够聪明、不够努力，这位父亲还可以依靠权势，替他谋得一个比普通人好的职位。但这个儿子若是骄纵过分，压根不把其他人放在眼里，这位父亲即便权势再大，也无法压制儿子的嚣张气焰。总有一天，儿子的狂妄会传到更高层领导的耳朵里。到那时，恐怕不仅是儿子会受到处罚，就连父亲的地位也会因此受到牵连。

---- 人际关系基本规则 ----

如果你不够聪明，至多被人们冠以"实诚"的名号；如果你不够勤快，也只会被人们评价为"手脚不够麻利"；如果你不太懂得人情世故，人们也只会送你一个"木头脑袋"的称号。但如果你聪明，勤快，也懂得察言观色，却拥有一副桀骜不驯的坏个性，我想，大概没有几个人愿意与你打交道。

因为，一个人的个性如果有缺陷，他越聪明，越勤快，越懂得察言观色，周围人对他的感觉就会越不舒服，越不愿意亲近他。理由很简单，人们情愿亲近一个和蔼可亲的傻瓜，也不愿意和一个狂妄自大的聪明人待在一起。

所以，如果你希望交到足够多的朋友，你首先要做的，并不是增加自己的学识，也不是每天勤快地跟着他们跑前跑后，而是要看看自己的个性还有哪些不够讨人喜欢的地方。改之，你身边的朋友自然会逐渐变多。

别总沉浸在自己的小世界里

一个人，眼界有多大，他的世界就会有多大。如果你想赚到500万，首先就必须告诉自己：我一定可以赚到500万，然后再去找那些曾经赚到过500万的朋友聊聊天，吸取他们的经验，认真向他们讨教成功的秘诀。

但如果，连你自己都不相信自己能赚到500万，并认为自己和赚到500万阶层的朋友相距甚远，那么，无论你付出多少努力，你都无法超越自己。有时候，一味沉浸在自己的小世界里，认为自己的目光所及的一切就是整个世界，那这必然是你成功路上最大的一个绊脚石。

凯文曾经只是一个外贸公司的小职员。每天朝九晚五，拿着一点微薄的薪水，干着枯燥又无聊的工作。有一天，凯文不禁对着镜子问起了自己："凯文，难道你要一辈子都这样过吗？难道你要一辈子都看人脸色，屈居人下，帮人做着这种烦闷又没有前途的工作吗？"回答当然是否定的。凯文决定辞职，自己创业。

然而，当他将这个决定说给家人听的时候，家人都惊讶地叫了起来："凯文，你疯了吗？你现在一文钱的本钱都没有，拿什么创业？你还不如好好干着你现在的工作，好歹一个月也能收入几千块钱。"

听着家人的话，凯文并没有气馁。他不顾家人的反对，毅然辞去了工作，带着身上仅有的2万块钱，去了另一个城市寻找创业机会。

一开始，凯文只想开个小店，2万元的资金，在这个城市，开个像样的小店绰绰有余。但思来想去，又经过了一番考察，凯文还是觉得，开个小店，并不一定能够赚钱。如果真的想做大生意，就必须找人来合伙。

于是，凯文花掉了身上的2万块钱，报了一个只有高级企业家才能参加的培训班。他用身上剩余的钱印制了许多名片，上面写着外贸专业人士之类的字样。他非常仔细地打听培训班里同学们的资料和背景，又锁定了好几个目标同学，向他们介绍自己创业的想法。

一开始，那些大老板同学像欣赏外星人一样看着凯文。在他们看来，这个班上唯一的穷鬼同学，就是来这里逗他们发笑的。他没有任何创业经验，也没有钱，却妄想和他们合伙做生意。

但凯文的努力和诚恳打动了班上的老师。这天下课后,老师非常激动地对大家说:"我们班的凯文同学,他制订了一项非常不错的计划,在这份计划里,有一个关于外贸的项目,我相信,如果你们中的某一个人能跟凯文合作,以他在外贸方面的经验,绝对会让你的年收益达到30%。"在外贸行业中,年收益能达到30%,实在是一个非常不错的成绩。于是,老师将凯文事先拟订好的计划书发给了在座的各位"老板同学"。

看完计划书后,一些"老板同学"就按捺不住激动的心情,想要和凯文合作了。再后来,凯文在这些同学的帮助下,自己开了一家外贸服装进出口公司。几年之后,凯文除了给各位股东分红之外,自己也跻身那些"老板同学"的行列了。

凯文的决定,无疑是正确的。当他制定了这个赚钱的目标时,他就非常清楚,自己希望从事什么样的事业,就一定要接近正在从事或者对自己的事业最有帮助的人。而令人赞许的是,凯文并没有一直沉浸在自己的小世界中,也并没有因为自己的身份低下就放弃追求更高的梦想。

凯文决定要做大事业,就选择了一个老板培训班,作为自己扩展人脉的基地,这个决定也无疑是非常英明的。因为,对于一个希望成就一番大事业的人来说,有目标地结识朋友,比遍地撒网、毫无目标地乱找要强得多。

向前进曾是一家工厂的高级钳工,他已在这个工厂干了十多年。不过,最近有件事儿,却让他特别郁闷。向前进虽然名叫"前进",但思想却一点也不"前进"。工厂马上就要改制了,厂里有一大批工人都会下岗。

向前进不想下岗,他已准备好了礼物,准备送到领导办公室,让领导同意他继续留在厂里。

就在向前进准备拎着礼物出门的时候,他的小弟弟却风风火火地冲进了门,一把夺过了哥哥手里的礼物,对他说道:"哥,你怎么就这么迂腐呢？这厂里有什么好？一年干到头，也见不着几个钱，走，别浪费这几条好烟了，跟我去广东下海去。"

向前进一把夺过弟弟手中的烟，骂道："小兔崽子，天天就想着出去玩，什么下海，都没想过要找份正经工作。你想下海就趁早滚得远远的，别耽误我去给领导送礼，送晚了，怕是被别人抢了先。"

向前进不顾弟弟的阻拦，执意将礼物送给了厂领导，他也如愿以偿地继续待在厂里当钳工了。然而，时过境迁，十年过去了，当向前进的弟弟从广东携着娇妻和大把资产回到家乡，购置了大量房产，还给每个兄弟都分发了1万块钱红包时，向前进却还和妻子挤在那间30平米大的房里，10年都没有挪窝了。

其实，我一直在想，如果向前进当时没有给领导送礼，而是被迫下岗了，他未来的境遇会比我们现在看到的要好吗？有时候，你不得不承认，当一个人在某个圈子里被禁锢久了，他满眼看见的，就只是那个圈子里发生的事情。

当一个人一直待在某种环境中，他就会渐渐对这个环境以外的一切事物产生恐惧。就好比一个在事业单位上班太久的人，会逐渐忘掉当初的宏图大志，会逐渐无法适应社会上的种种竞争，会逐渐变得四肢懒散，无法适应离开单位之后的生活。

不知这是不是一种圈子效应。站在圈子里的人，始终不敢踏出圈子一步，他们不知道，也不愿知道，当他们踏出了这个小小的世界，他们的生活是否会变得更加美好。

人际关系基本规则

人都喜欢安逸，也需要安逸。没有谁不喜欢过一种稳定又富足的生活。但是，我们不要忘记了，人总是有一股惰性的。当一种舒适的生活方式过得太久，人们就会忘记如何去奋斗，要去哪里奋斗。而当我们安逸得太久了，就没有动力走出自己的世界，睁眼看看外面广阔的天空。

所以，当我们待在自己的小世界中太久时，不妨换种思维方式，走出自己的小圈子，跟这个世界不同的人、不同的事接触。当你发现，在你封闭的小世界外面，还有一片更广阔的大世界时，你那颗沉寂已久的心，会不会重新激动起来呢？

做事拖延会让你失去很多机会

你还记得小时候曾唱过的一首歌谣吗？"明日复明日，明日何其多"，当我们在儿时唱着这首歌谣的时候，可曾想过，当我们长大之后，"明天再做"这句话，将会成为多少人的口头禅。

你或许更想不到，当我们将事情日复一日推到"一会儿"、"明天"的时候，我们正在无形之中失去很多机会，甚至会因此酿成大错。

姚宁是公司里的一名专职编辑。他一直负责公司内刊和杂志的编稿和撰写，也负责各位领导的演讲稿撰写。姚宁文笔出色，文思敏捷，一直是公司里的骨干编辑。不过，美中不足的是，姚宁虽然文采极好，但却有一个致命的毛病，那就是做事拖拉。

不过，在一些平常的日子里，编辑部的工作倒并不繁重，每日稿件的数量也并不很多，工作量也往往是一个上午就能完成。

时日久了，姚宁开始渐渐习惯了这种舒适又安逸的生活。他每天一到公司，首先必定是先给自己沏壶好茶，然后将身体靠在办公桌前的老板椅上，拿份报纸，浏览一遍再说。大约到了上午十点，姚宁才开始慢吞吞地打开电脑，收发今日公司员工寄来的稿件，或是查看领导安排要写的东西。

就这样，姚宁每天上午就在无所事事中度过了，而中午酒足饭饱之后，才踱步回到办公室，打开今天将要处理的稿件，不紧不慢地处理起来。

不过，尽管姚宁一个上午的时间都被浪费掉了，他却总能在下午下班之前将手头的工作处理完毕。按照他的话说，这叫"磨刀不误砍柴工"，不过，公司里谁都知道，这仅仅是因为编辑部的工作实在是太少了。

这个月，公司的新领导上任了。他也听闻了姚宁的"文笔"，于是就发了一封电子邮件到姚宁的邮箱，要求他为自己周五下午的一个会议润色一篇演讲稿。

领导发信的日子正好是周五的上午，姚宁慢吞吞地做完了手中的事情之后，接到了领导秘书的通告，说领导有封演讲稿发到了他的邮箱，让他帮忙润色一下。秘书电话挂得急，就没有告诉姚宁，这封演讲稿是需要加急的。姚宁按照以往的工作顺序，在下午打开邮箱处理这些稿件。

当姚宁看清那封演讲稿的截止时间时，他的冷汗都顺着背脊流了下来。现在的时间是中午一点，而领导的演讲时间则是在一小时之后。姚宁赶忙停下了手中的所有工作，花了一小时匆匆将这篇演讲稿润色了一遍，匆忙之中，其质量可想而知。

很显然，到了下午，姚宁当然是被领导秘书给痛斥了一顿，秘书告诉姚宁，领导说他是徒有其表，根本不配坐在总编辑的位置上。

如果姚宁不是在懒散的工作环境中养成了将工作一拖再拖的习惯，如果他能在秘书提醒之后就迅速打开邮箱，看到那封信件，并在下午一点前将演讲稿成功润色，如果他不是偷懒耗费了一个上午的时间，如果……

好吧，我承认，在这种事情上，压根没有如果。当你养成了拖延的毛病，当你早已习惯不到最后关头不做事的时候，就要承担拖延所造成的后果。

阿强是我小时候的一个邻居。记得当时还和他熟识的时候，他从来都没有按时完成过作业，也从来没有按时背诵老师布置的课文。阿强的口头禅就是："等会儿再做吧"，"明天一起做了吧"。为此，我们还送了他一个响亮的外号——"明天同学"。

许多年后，当我再次碰到阿强的时候，他已经不是小时候那个甩着鼻涕满街跑的小屁孩儿了，而是一个一米七八的大个儿男子汉。当我再次提起他小时候的外号时，阿强忽然不好意思地笑了出来："你再别提那个'明天同学'的外号了，我可是为此吃够了苦头。"

我见他一脸苦笑的样子，好奇地问道："你为此，究竟吃了什么苦头呢？那你现在，是不是再也不会将事情拖到明天做了？"

阿强一脸认真地点点头，回答说："是啊，我再也不会将事情拖到明天做了，你是不知道，这种拖延的习惯，差点害死了我的岳父。"

我大吃一惊，连忙让他讲出了事情的原委。原来，阿强结婚后就和妻子搬离了岳父的家中。有一天，妻子打电话回家，听说父亲的身体不太好，总觉得胸闷，喘不过气，就让阿强抽空去父亲家里看看，如果情况不太好的话，就一定要带父亲去医院看看。

妻子在说这话的时候，阿强正在房间里打游戏。他一边快速地移动鼠标，一边响亮地回答妻子的要求："好啊，我一会儿就去。"

可当阿强退出游戏，离开电脑桌的时候，却发现窗外早已繁星满天了。阿强心想，都已经天黑了，再去岳父家则多有不便，还是等着明天天亮之后再动身吧。

对于阿强的拖拉，妻子虽有不满，但见他说得振振有词，也只得一再嘱咐他说，第二天一定要去看看父亲，免得老人病情恶化。阿强一边点头，一边沉沉睡去，一直睡到第二天下午，才被妻子重重地给打醒了。

看着妻子恼怒的眼神，阿强只得伸了个懒腰，提着一筐水果来到了岳父家。却没想到，当他推开岳父家虚掩的房门时，却见岳父早已卧倒在地，不住地哼哼，眼见就要喘不过气了。

阿强一脸懊恼地对我说："如果我能在前一天就带他去看医生，他必定不会受到如此多的折磨。万一我再拖延个几分钟，恐怕老人家早已支撑不住了。"

不知你是否听过一种名叫"拖延症"的病症。拖延症的英文 Procrastination，便是"将之前的事情放至明天"的意思。拖延症总是表现在各种小事上。

比方说，一个人认为，自己 5 天之内可以做完一件事情，所以在离结束之日还有 15 天的时候一点不着急，直到最后只剩 5 天了才开始行动。

有人认为，这种紧迫感和焦虑往往促发人的斗志，会让自己觉得，只有在压力状态下才有做事情的状态。但事实并非如此。当一个人形成了拖沓的毛病时，他会不断强化"自己只有在压力下才能完成工作"，并且不断进行这种心理暗示。但到了最后关头，却又往往因为时间不够充足而草率了事。

在这种循环往复的心理暗示下，人们就会变得越来越拖沓，直到因拖沓而造成不可挽回的后果，才能令他警醒。

人际关系基本规则

我们时常会听人说：就是因为某某的缘故，害得他不能按时完成任务。而这个"不能完成的任务"，往往又会像倒下的多米诺骨牌一样，殃及其他更多的人。

所以说，"拖沓"这码事，实在是一种破坏人际关系的不良习惯。不过，如果你长时间养成了拖沓的习惯，又该怎么办呢？

其实，倒也不用太过着急。当你发现自己又犯了拖沓的毛病时，首先要想到的，是自己的责任感。世界上唯一可以消灭拖沓的方式，大概就是不断强化自己的责任感了。当你发现自己充满了高度的责任感时，你会为自己不能按时完成任务感到羞愧。

除此之外，你还可以试着不断暗示自己，如果事情没有按时完成，会带来相当严重的后果。这样，当你一想到"拖沓"会造成十分严重的不良后果时，你自然而然就不会再将工作堆积到最后再做了。

凡事别太较真

世上本没有十全十美的人,也没有绝对完满的事。但在这个世界的各个角落,却偏偏充斥了一大群钻牛角尖的人。这一类人,他们一向奉行对他人严格、对自己宽容的原则。

玉林初嫁她先生时,争强好胜的她总是喜欢事事与先生较真,无论什么都非得分个高低。比如说,当先生说她花钱有些过分时,她就会搬出一套先生太小气,舍不得让太太花钱之类的话语来和先生争辩。

又比如说,当先生说,没事儿多看点书,不要老是抱着肥皂剧不放时,玉林又会拿出一套说辞,说得先生只好一个人拿着书本坐到了一边。

久而久之,玉林逐渐在家中占据了上风,她不由得为此沾沾自喜。但过了一阵子,她却发现,事情有些不太对头了。因为,每当她再与先生争辩时,先生却总是沉默不语,既不与她吵闹,也不辩驳些什么。渐渐地,玉林忽然觉得,自己与先生的距离似乎有些越来越远了。她开始感到害怕,决定找个时间约先生一起谈一谈。

这天,玉林终于逮着空闲,拉住了先生。她小声对他说:"我是不是哪里做得不够好,你最近都不理我了。"

"我没有不理你,你别多想。"先生又拿起了手中的书本,埋头看起书来。玉林一把夺过他手中的书,大声说道:"你要不是心里有事,又为何总是只顾低头看书,不与我说话?"

先生看着玉林这个样子,有些不耐烦了,他闷了半晌,终于反驳道:"你每次跟我说话,都那么较真,我明明都对你让步了,你还偏要抓住我辩驳个不停,算我怕了你了,你干吗凡事都要辩个你对我错?"

玉林听了先生的话,愣愣地站在那里,半天没有回过神来。不过,仔细想想,玉林终于明白了自己错在哪里。她想到,自己与先生本来就是两种截然不同的性格。自己大方外向,做事又喜欢钻牛角尖。而先生却是内向温柔的人,他为人谦和真诚,在朋友圈子里极有人缘,在公司也赢得了很好的赞誉,只是一回到家,就会遭到自己的无情批判,遇到事情,也非要让他说个"你对我错"出来。时日久了,先生自然在自己面前变得更加沉默寡言了。

其实,无论是夫妻还是朋友之间相处,都应该是一种彼此容忍谦让、相互适应、相互呵护的关系。两个最要好的人之间吵架,是再正常不过的事情了,俗话说,母女之间尚有三把火,更何况是夫妻、朋友之间了。

其实,很多人发起纷争的根源,原本就是一些鸡毛蒜皮的小事。而吵架,本身就是一种发泄情绪的过程,吵完了,不良情绪也应该发泄完了,再因为刚才的事情继续较真,就会影响两人之间的和睦。如果较真的一方因此带着苛求的眼光去看待对方,去要求对方,甚至是带着改造对方的心态去相处,只会让原本熟识的人距离越拉越远,甚至让对方产生厌倦之心,最后分道扬镳。

不过,与他人的较真,或许只会引起一时的情绪不快,而有些人,却偏偏更喜欢和自己较真。当他们与自己较真的时候,其身心都是非常疲惫的,所产生的后果往往更甚于前者。

有一个名牌大学的毕业生,平时自视甚高。在他本科的时候,就有一种"无知者无畏"的冲劲,觉得自己各方面都很优秀,然后,他就拼命努力地学习,最终被保送上了研究生。

临近毕业前,他发下了"非知名企业不进"的誓言。他希望自己变得更加优秀,在他看来,让自己变得更加优秀的最好方式,就是跟比自己更加优秀的人一起工作,一起生活,从而激励自己。

毕业后,经过他的不懈努力,终于打败了许多人,以优异的面试成绩进入了一家知名企业。

但很快，他那种良好的自信感就消失不见了，取而代之的是，他感到了一股股沉重的压力。在那家知名企业里，他的同事都很优秀，他们大多来自名牌大学，很多人都有海外留学背景。

为了超越这些优秀的同事，他在工作之余一直拼命学习，当他看到某个同事优秀的一面时，他也会拼命地向他学习，最终赶超那个同事。

但渐渐地，他发现自己的个性和上大学时截然不同了。他不像以前那么开朗活泼，而是变得沉默。他在同事面前不喜欢说话，那是因为怕自己说错话，然后遭到别人的笑话。所以久而久之，他就干脆不说话了。

然后，这个毕业生还发现自己越来越在意别人的目光。有时候当他看到别人看他的时候，他甚至会想："是不是我今天的衣服没有穿好？是不是我今天的领带打歪了？"

现在，每当他踏入办公室的时候，都会觉得非常拘束。他想静下心来好好做事，却发现自己的内心已被太多无关的事情牵绊。他开始怀疑自己的心理有问题，却又苦于找不到解决的方法。

现在，他每天都在埋怨自己，埋怨自己读书太多，把脑袋都读僵了，读死了，所以才会变得这么不活跃，不懂得变通。

其实，这位名牌大学毕业生的问题，并不在于书读得太多，也不在于对自己的要求太高，而在于他想要得到的东西太多。他想得到的东西，却并不是物质上的，而是和他人不断比较所得到的优越感。

当他到了一个周围充斥着优秀人才的地方时，他原先的优越感便被一扫而空，这让他感到十分痛苦。而他的同事越优秀，他的痛苦也就越来越大。这就是自己跟自己较真。

其实，这种较真完全没有必要。当你觉得自己很痛苦时，或者当你觉得自己所在的这个群体是一个痛苦的群体时，往往只是因为你过于关注自身了。

你要将目光从自身移开，放眼到更加广阔的世界中去。当你看到世界上的每个人都有各自的不如意时，或许，你对自己就不再那么较真了。

人际关系基本规则

有时候，身边有几个爱较真的朋友，那实在让人头疼。你和他们交往时，太过亲近，怕发生口角，被他们咬住某个问题不放。离得太远，又担心这样的朋友心生疑问，说你过于疏远他们。

跟爱较真的朋友在一起，你无法把握说话的尺度，因为不知道哪一句话就会得罪他们。所以，对待这样的朋友时，你唯一的办法，便只有奉行"君子之交淡如水"的准则了。

不会有人喜欢爱抱怨的人

我们周围，实在有太多的人喜欢抱怨了。孩子抱怨"作业太多，书包太沉"，毕业生抱怨"没有好爸爸找不到好工作"，上班族逢人就说"我挣的是买白菜的钱，操的是卖白粉的心"。即便是身居高位的上司，也时常会感叹"高处不胜寒"……

不过，在这个社会里，大家即便自己喜欢抱怨，却没有人会喜欢一个"爱抱怨"的人。比如，爱叹气的上司，一定不会愿意看见一个整天满嘴抱怨的员工；一个爱数落老公的妻子，也必定不会愿意看见，整天被数落的丈夫突然有一天自哀自怜。

我曾经有一个很要好的兄弟，自相识之后，我们相处得十分愉快。这一切皆因我们的人生观、价值观，包括生活理念全都相同。我们经常一起喝酒，一起谈天说地。

有几次，我因为工作不顺，向他抱怨了很多对上司、对同事的看法。我本以为他会顺着我的心意，安慰我几句话，却没想到，他忽然用一种媚"不好过"。比如她常常在快下班的时候，才让媚整理当天要归档的文件；周末做报表时，又故意拖到很晚才把有关数据交给媚，媚每次交报表都很紧张；更令媚气愤的是，她老是盯着那些和媚说话的人，转弯抹角套出她们的谈话内容，害得大家都不敢和媚多接触。

媚觉得莫名其妙，恨恨地到处骂凯丽薄情："升官了就不认老朋友了。"其实谁都明白，要怪只能怪媚自己。要知道遇到对自己的过去知根知底的同事已经够尴尬了，要是这个同事还很"大嘴巴"，自己上位之后不"封杀"她已经很客气了。

媚的错误就是把同事凯丽还当成当初的好朋友，把一些不该说的话也说出来了。有的人说我们在和同事一起做事的时候，也会和同事产生友情啊，那为什么不能和他做朋友？

对，同事之间会产生感情，但绝不是单纯坚固的友情，这种感情随时会因为利益破裂。或者说这种友情的建立本来就受到很多因素的干扰，不会结出一个纯洁的友情果实。所以说，同事和朋友不能够混为一谈。

与同事过密的私交可能会为自己埋下定时炸弹，甚至会受到严重的伤害。

在职场摸爬滚打的人，要想职业道路顺畅一些，一定要处理好与同事之间的人际关系。

1. 一定要清楚个人扮演什么样的"角色"

因为同事是工作伙伴，不可能要求他们像亲人一样包容和体谅你。大多时候，同事之间最好能够保持一种平等、礼貌的伙伴关系。与同事相处，还要注意开发个人的情商，特别要树立合作意识、竞争意识、角色转换意识、形象意识、敬业意识和学习意识等。

2. 不随意"私交"、炫耀"私事"

私下里，不要随便谈论个人隐秘，除非已经离开这家公司，才可以和从前的同事做交心的朋友。对付特别喜欢打听他人隐私的同事，要"有礼有节"，不想说的坚决不说。

人际关系基本规则

不要和同事走得太近，不是要你每天冷漠地对待同事，你不可以这样做也不能这样做。不能走得太近，但是你们依然可以谈论服装品牌，一样可以分享美食，一样可以笑脸相迎。同事不需要过于亲密，却需要和睦。

如果同事已经成为了好朋友，不要常在大家面前和他（她）亲密接触。尤其是涉及工作问题时要公正，有独立的见解，不拉帮结派。

懂得隐藏锋芒，才不会成为众矢之的

古今得祸者绝大多数都是精明的人，现在的人唯恐不能精明到极点，这才是愚蠢。

现在很多人都认为，刚工作时一定要突出自己的能力，只有这样才能坐稳位置，因此，处处争强好胜，想把自己的能耐表现出来。

但他们没有想到，锋芒毕露只会引起同事的反感。

大家都听说过"真人不露相，露相非真人"这句话，意思就是，真正的聪明人身怀绝技而深藏不露，绝不到处炫耀，而是等待时机一鸣惊人。

有才华固然好，但是能力再强，也不能到处去炫耀。就像财富一样，有钱当然是好事，但你会每天都穿金戴银、提着钱箱子到街上去显摆吗？

才华是一个人成功的基础，一个有才华的人能得到表现机会，一个无能的人，即使再张扬也不可能成功。

但一个有才华的人过于炫耀自我，压制了他人的表现空间，损害了他人的利益，就必然招致众人的嫉恨。如果发展到这一步，他的前途和事业就非常危险，随时可能被人拉下马来！

讲一个很多人都知道的典故：

三国晚期的诸葛恪，是诸葛亮的兄长诸葛瑾的儿子，名门之后，家教严格。他在很小的时候就才思敏捷、天赋过人，大家都认为他的才能超过了其父诸葛瑾。

不过，诸葛瑾不为有这么一个好儿子感到高兴，反而觉得诸葛恪会给家族带来不幸。为什么呢？

诸葛瑾说："恪性格急躁、刚愎自用，而且太喜欢表现自己，锋芒过于外露，终将引来祸端。"

果不出父亲所料，诸葛恪长大掌权后，独断专行、以才压人，认为自己什么都最好，目中无人，最终引起众怒，被大臣们设计害死，他的家族也遭到诛灭。

在这个世界上，才华出众却被排挤的人随处可见。他们才华在手，就像持有一把传世名剑，逢人就要吹嘘一番，拿在手中四处挥舞，生怕别人不知道他有惊世之才，傻乎乎地把自己树成人人想打的活靶子。他们看不见自己脚下的火坑，就这样不知不觉掉了进去。

西方世界有这样一种说法："法兰西人的聪明藏在内，西班牙人的聪明露于外。"前者是真聪明，后者是假聪明。

在人际交往中，我们一定不能自作聪明，要学会真聪明。切忌只知伸不知屈，只知进不知退，只知自我表现，不知韬光养晦。这样的话，即使才高八斗，也照样两手空空！

在社会上行走，每个人都要掌握这种低调隐忍的做人哲学。多一些深思熟虑，少一些锋芒毕露，千万不要把肚子里的"宝贝"像竹筒倒豆子一样全倒出来。

在一些特别场合中，有些聪明人，主动将主角的位置让给别人，而自己心甘情愿当配角。这并不是失败，甚至可以说这是一种策略性的胜出，他让出的只是一个主角的虚名，而赢得的却是真正的实惠。

=== 人际关系基本规则 ===

在职场中，我们要表现得不温不火。同时切忌和同事攀比职位，攀比薪水，要在竞争中培养欣赏别人的风度，保持心理稳定，避免情绪大起大落。

要知道"天外有天，人外有人"，只看到自身的优点是不够的，要学会用欣赏的眼光去看待别人，找出自己的不足，尽可能地弥补自己，提高自己。

学会感谢工作伙伴，让他人尝到甜头

一个心怀感恩的人，对同事一点一滴的帮助都会铭记在心，而在同事遇到困难时，也总愿意帮忙，愿意付出更多。

他们用一种感恩和快乐的心态去对待工作，用充满善意的心灵去对待周围的人。他们在工作中有着更高的积极性和主动性，当遇到困难时，也会有更多的人愿意帮助他们。

而贪功是自私和愚蠢的做法，它会给你的人际关系带来危机。

有位编辑很有才气，他编辑的杂志很受欢迎。有一年他获得了大奖，一开始他还很快乐，但过了个把月就失去了笑容。

他说，社里的同事，包括他的上司，都在有意无意间和他作对。这是为什么呢？得出的结论是他犯了"独享荣耀"的错误。

事情经过是这样的：他得了大奖，老板额外给了他一个红包，并且当众表扬他的工作成绩。但是他并没有现场感谢上司和下属们的协助，更没有把奖金拿出一部分请客，所以大家虽然表面上不便说什么，但心里却感到不舒服，和他产生了隔阂，所以就和他作对了。

其实就事论事，这份杂志之所以能得奖，这位编辑贡献最大。但是当有"好处"时，别人并不会认为哪一个人才是唯一的功臣，总是认为自己"没有功劳也有苦劳"。

所以他"独享荣耀"，就会引起别人的不舒服。尤其是他的上司，更因此而产生不安全感，害怕失去权力。为了巩固自己的领导地位，自然不会善待这位编辑了。

由于上司的打压、同事的排挤，两个月后这位编辑就因为环境压抑而辞职了。造成这种局面的根源在于他自己，谁让他忽略了别人的感受呢？

其实每个人都认为别人的成功总有自己的一份功劳和苦劳，而他却傻乎乎地独自抱着荣耀不放，别人当然会为他如此自私的做法而感到不舒服了。

当你的工作和事业有了成就时，千万记得不要独自享受荣耀，要和大家一起分享。你能主动分享，就能让别人有被尊重的感觉。人心换人心，你能尊重他们，他们反过来也会尊重你。

到底如何"感谢"同事呢？你可以这么做：

1. 感谢

感谢同仁的鼓励、帮助和协作。不要认为功劳都是自己的，尤其要感谢上司，感谢他的提拔、指导、授权。

如果实际情况果真是如此，那么你的感谢就是应该的；如果同仁的协助有限，上司也不值得恭维，你也有必要感谢他们，这样做虽然勉强一些，但却可以抬升你在他人心中的地位。

2. 分享

口头上的感谢也是一种分享，这种"分享"可以无穷地扩大范围。另外一种是实质的分享，别人倒也不是要分你一杯羹，但是你主动地分享却让旁人有被尊重的感觉。

如果你的荣耀事实上是众人鼎力协助完成的，那么你更不应该忘记这一点。"实质"的分享有很多种方式，小的荣耀请吃糖，大的荣耀请吃饭，分享了你的荣耀，就不会有人和你作对了。

3. 谦虚

人往往一有了荣耀就"忘了我是谁"地自我膨胀，这种心情是可以理解的，但旁人就遭殃了，他们要忍受你的嚣张气焰，却又不敢出声，因为你正在风头上。

可是慢慢地，他们会在工作上有意无意地抵制你，不与你合作，让你碰钉子。因此有了荣耀，要更谦卑。要不卑不亢不容易，但"卑"绝对胜过"亢"，别人看到你的谦卑，会说："他还蛮客气的嘛！"当然就不会找你麻烦，和你作对了。

除此之外，在工作当中，我们要树立协作意识，多与同事进行沟通，抱着积极乐观的心态，平等友善地对待每一位同事，并学会接受他们的批评。与此同时，我们还应发掘自身的潜力，让自己成为一个出色的搭档。

这样一来，除了现有的搭档外，还将会有更多的人愿意成为我们的搭档。只要我们积极努力，向同事敞开真诚的胸怀，相信同事也会以同样的热情回馈我们。

人际关系基本规则

和同事相处，除了要懂得感谢与分享之外，我们还需注意：

- 主动支援，合作双赢

在工作中，谁也离不开谁，我们在日常工作中必定要与同事合作，否则你的任何工作都无法开展，你的工作绩效将无法提升，因此主动支援是建立良好同事关系的关键点。

- 站在对方的立场处理问题

换位思考,如果我是他,我会怎么处理;我需要他支持时,他会不会同样支持我。

- 尊重同事,与大多数同事合群

很多人不懂得尊重同事,总以为自己的功劳很大,自己的能力很强,看不起同事,不尊重同事,不合群,要另辟蹊径。我们在日常工作中不要脱离群体,不要违背大多数人的意愿,否则你开展的工作是不可能取得很好效果的。

如果真诚,就能赢得下属的尊敬和忠诚

作为领导,谁都希望下属尊重他、听从他,希望在下属中享有崇高的威信。

其实,从某种角度讲,一个人职位越高知心朋友越少,仕途越成功内心越孤独。所以,人在仕途,无论职位多高,都希望能被下属理解。

巴顿将军直率的性格和火暴的脾气是众所周知的。也正是由于他性情急躁,难免对下属造成某种伤害。然而,即便如此,巴顿的部下对他却始终非常敬佩、忠诚,并每每以自己是巴顿部队中的一员为豪。

一天下午,巴顿到连队马厩检查卫生,发现有一匹马没有拴住,顿时怒不可遏,他在马厩的另一端找到马夫,命令他跑步去把马拴住,然后再跑步回到原地。马夫马上执行命令,但不是跑步而是快步走过去。这一下可惹恼了巴顿,他大声吼道:"跑步!该死的,跑步!"马夫吓了一跳,赶紧跑步过去将马拴住,然后又跑步回到原地。

事后,巴顿却集合众人,为自己火暴的脾气当场向马夫道歉。这件事很快在军营传开了,大家都对巴顿将军的行为称赞不已,这件事之后,

巴顿的威信再一次得到了提高。

巴顿将军能够赢得部下的忠诚，原因何在？就是因为巴顿对下属是真诚的，他从不掩饰自己的错误和过失，每当发现自己的过错时，他总能及时做出深刻反省和严厉的自我批评。他以自己真诚的态度和自我批评的精神赢得下属的一片忠心。

那么作为一个上司要赢得下属的忠心，除了要及时反省自己的行为之外，还可以怎么做呢？

1. 从自己开始

要下属对自己忠心就要先对他们忠心，能够为他们的利益去极力争取，能站在他们的角度想问题，这些都是对下属"忠心"的表现。

2. 多倾听下属的意见

把听意见当做头等大事来抓，掌握听意见的艺术，聪明的管理者都是多听少说的人。

3. 用信任来回报下属的忠诚

用人不疑，疑人不用，千金难买一个"信"字。只有对下属充分地信任，下属才能充分地信任你，这种影响力是互相的。

人际关系基本规则

要赢得下属的忠心其实不需要你花费太多的时间和精力，你只需要付出自己的真诚和信任，也就同样能获得下属的真诚和信任。须知道，只有下属觉得自己的忠心没有浪费，你才能真正获得他们一颗完整的忠心。

注意下面几个细节，你能更快获得下属的忠心：

- 关键时候，要为下属挺身而出
- 在下属面前不要计较个人得失
- 与下属交谈时，不可锋芒毕露
- 不要急于否定下属的想法
- 体会下属处境，理解下属难处
- 不要公开批评下属
- 慎重对待下属的错误
- 不要在背后议论下属的长短
- 多赞扬、欣赏下属
- 适当顺从并认同你的下属
- 掌握下属的好恶
- 把功劳让给下属
- 不可张扬你对下属的恩惠

对那些"刺头"要恩威并施

还是学生的时候，我们就知道一个道理，老师不一定要比学生强。在管理上，这个道理同样适用，上司不一定需要强过下属，重要的是你懂得掌控他。

在一个企业里，李经理是一个没有什么特别技术的人，他也没有广阔的人脉资源，甚至可以说他也不能为公司带来一笔大的订单。但是，他手下的员工却非常尊重他，非常愿意为他效力。所以他在经理这个位置上稳稳地坐了十年。

销售部的陈经理一直都不明白李经理手下那么多能力强过他的员工为什么那么喜欢他，甚至是死心塌地跟随他。要知道，那些员工无论是技术、业务还是谈判能力都要强过李经理，他又凭什么让这些员工为他卖力工作呢？

有一天，陈经理忽然看到李经理秘书的笔记本上记了很多人的生日。他忍不住好奇就问秘书是怎么回事，秘书说："我们经理要我把每个员工及他的爱人生日记下来，有生日的时候就提醒他，每次员工爱人的生日他都要亲自去送一束花和一个蛋糕。"

陈经理恍然大悟，他终于明白李经理为什么能一直赢得员工的支持了。相信给下属和下属的家人送花只是李经理"笼络"下属的手段之一，除此以外他应该还用了很多心思去对待下属。他的这些行为虽然微不足道，却能让员工们认为自己被上司重视和尊重，自然员工们也就心甘情愿地为他效劳、任他差遣。

李经理正是用了非常简单却又非常难做到的一招来控制那些能力比他强的人——那就是用自己的真心来给予员工尊重和关爱。俗话说："拿人的手短"，员工得到上司的尊重和关心之后，自然就会心甘情愿地被上司掌控。

在工作中我们要学习李经理对下属的好，但是当遇到那些爱抢风头、抢功劳的"刺头"下属时，我们也要懂得立一立自己的威风。

张岩当初进公司的时候努力肯干，而且特别会为上司着想，所以经理特别喜欢他，再加上他设计能力比较强，做出来的东西很吸引人，所以没多久张岩就被提升为主管了。

谁知道一年以后，张岩却因为一个不懂事的下属，迟迟不能升职。这个下属叫赵和，是一个刚刚毕业的大学生，因为在上学的时候得过一些奖，性格比较高傲。

公司有规定，刚刚进公司的新人暂时不可以进行设计，要三个月以后才能跟随团队进行创作。但是赵和看起来非常迫切想要在老板面前表现，每次设计部有什么工作他都会一起开会，确定方向。

而好几次设计部把做出来的东西拿给老板看了以后，赵和又单独拿一份自己设计的东西去给老板看。这样的事情出现了很多次以后，老板就把张岩叫到办公室来："你是一个部门的主管，但是遇到有能力的下属还是应该要给他机会。"

张岩非常生气，这个赵和真是不懂事。但这事还没完，赵和成功引起老板重视之后，一些新人也开始效仿赵和的方式，动不动就越过张岩，自己跟老板沟通，这些小动作让张岩下定决心"收拾"赵和。

此后张岩总是把最难的工作安排给赵和，美其名曰"能者多劳"，然后又在赵和的劳动成果之上提出自己更好的建议并让赵和不断修改。

这种事情多了以后，赵和怨言颇深，又再次越级向老板抱怨。但这次张岩再没生气，而是心平气和地跟老板解释，说自己本来想多给赵和机会，没想到会引起对方的误会云云。

赵和渐渐发现，老板对于自己的抱怨渐渐变得不耐烦了，再后来赵和发现，老板已经不怎么搭理自己了，再后来，赵和突然"失宠"，不再是老板眼前的红人了……最后，赵和辞职离开，张岩成功捍卫了自己的地位，而那些跃跃欲试的新人也都老实起来，再没人敢越级上报了。

所以说，管理下属，我们不但要有"恩"，同时也要有"威"。

作为一个上司，我们应该拿出自己的魄力和能力来征服下属，让手下的人都能乖乖地听你的话，这是作为一个上司应该有的能力。如果总有下属来抢你的风头，那么你就应该检讨一下，看看自己是不是某方面能力不够，管制不住下属。

== **人际关系基本规则** ==

我们应该明白，掌控一个人最重要的不是掌控他的行为，而是掌控他的心。古代的皇帝们并不是个个都才能过人，但是他们却能收罗很多能人志士来为自己效力。为什么呢？其实就是皇帝们控制了这些能人的心，让他们臣服于皇帝的恩德之下。

那么在职场中，我们还可以用哪些方式去掌控下属的心呢？

- 肯定下属的才华

很多人都有怀才不遇的苦恼，如果你是一个能控制全局的人，就应该把合适的人安排在正确的位置上。当你给下属机会的时候，自然就会赢得他们对你的感谢和忠诚。

- 多激励他们

再强的人都会遇到挫折，而当一个人遇到挫折时，最希望得到的就是别人的鼓励和肯定，尤其是作为一个上司，激励员工可以让他们感受到你的热情和和蔼。

上司不是超人，不可能每一件事都做到最好，也不可能任何方面都强于下属。作为一名上司，你最大的职能就是掌控好下属。

无论下属是能力强还是弱，友善还是敏感，只要你控制好他们，让他们心甘情愿地为你工作，你就是一个成功的上司。

如何应对总是与你作对的下属

一个上司必然有一些方面是强于手下的，而上司都会有一种成就感和优越感。一旦下属不听话、不认真办事，他就会受到打击，甚至影响工作的质量。

杨刚被提拔做了一个40人的部门经理。该部门原有一个老资格的副经理姓王，老王原本一直以为自己这次能够晋升，因此对杨刚的到来很排斥，要么处处与杨刚作对，要么就消极怠工，严重影响了杨刚的日常管理和整个部门运作。

杨刚感到十分困扰，向上司申请将老王调到其他部门，上司却说："每个部门都会有一些让领导头疼的人，如果作为一个领导，遇到这样的下属只会逃避，那我就应该考虑这个人是不是还适合坐这个位置了。"

杨刚一想也是，如果自己连这个人都管不了，那还怎么管其他人呢？于是杨刚故意冷冻老王，什么工作都不让他做，还放出流言，说是如果实在不行就只能辞退了。

三天之后，老王忍不住了，主动来找杨刚，希望杨刚能再给自己一个机会。

当你遇到一个像老王这样让人头疼的员工，不要总是想到放弃、逃避。就像杨刚的上司说的一样，如果连一个员工都管不了，那么你也许就不适合坐这个位置了。所以想办法来驯服不听话的员工才是良策。

不听话的下属就像是一匹野马，如果你不能把他驯服，就只能放弃。但是作为一个领导，放弃就代表你没有能力，只有驯服他，他才能为你所用。那么到底应该怎样做呢？

1. 正大光明地采用"阳谋"对付他

无论这个下属如何不听话，你都要用公司的制度对待，做到赏罚分明。这样不仅可以让人心服，也在其他同事的心里树立起一个正直的形象。

2. 态度要坚决

不要因为他能力强就容忍他的不听安排，如果你放任了一个，那么就会有第二个、第三个出现，最终烦恼的还是你自己。

3. 分工合理，权责明确

不要让有的员工闲死，有的员工累死，该明确的工作责任、权利、义务要事前交代清楚，要分工明确、公正无私。

4. 关心下属、帮助下属

下属在工作上有困难，要及时给予帮助，不要视若无睹，更不要打击、批评下属。

——— 人际关系基本规则 ———

如果你是一个优秀的人，工作中出现任何问题都应该先从自己身上找原因，只有自己做得好，才有资格去说下属。对人对事多一些宽容，多一些理解，以德服人，你才可以真正得到人才的心。

让客户喜欢你这个人

你的潜在客户喜欢你吗？他们有没有用"有魅力"或者"可爱"来形容你？怎样让客户喜欢你？

假如他们并不这样认为，那么你所做的一切努力将有可能付之东流。如果你意识到这些，你可能会发现人生就是一场人气竞赛。你可能不愿意承认或者相信这一点，但事实是，如果你十分招人喜欢，那么你的业绩也将更好。

IMG公司是著名的体育名人经纪公司，其已故创始人马克·麦考马克曾有这样的名言："上天是公平的，人们总是愿意与自己的朋友交易；一切又都是不公平的，人们还是只愿意与自己的朋友做生意。"

假如你的潜在客户认为你非常值得信赖，而且非常可爱，你将有可能做成这笔买卖，哪怕在此之前你并非这位客户的首选。

如果你表现得很有魅力，则比较容易吸引他们的注意力，而且他们也更容易记住听到的内容。

你可以通过以下几方面来吸引客户的注意力：

1. 自信、谦恭

适度的自信将散发出一定的吸引力，而且让他人产生好感。

2. 交流

在表达感谢时态度真诚，注意眼神的交流，准备好一些串场词，以打破沉默，消除尴尬。

3. 倾听

少说话，学会倾听。

4. 热情

真诚地向他人表达你的感受，适时地自我解嘲，调节气氛。

5. 尊重

做好充分的准备，举止得体，不要吝惜向他人表达感激与赞许之情。

一旦你吸引了客户的注意力，他们将会听取你的想法。人们更倾向于相信那些他喜欢的人。当他喜欢某个人时，就会信任他所带来的信息，或者至少会寻找一种说服自己相信他的途径。

魅力对实现你的个人价值有极大的影响。因此，塑造你的可信度，让自己成为一个专家，做最好的自己，你将有可能成为客户的首选。

== 人际关系基本规则 ==

兵法有云：攻心为上，攻城为下。只有你得到了客户的心，他才会把你当做合作伙伴，当做朋友，这样你的生意才会长久，你的朋友才会越来越多。只有你把客户做成了朋友，你的路才会越走越宽。

和客户做生意场上的"真朋友"

人在潜意识中总是相信自己的朋友，相信跟自己熟悉的人，而对陌生人往往有一些排斥和戒备，这是人之常情。

如果你能够让你的客户感觉你就是他们的朋友，他们对于你所说的一切都会有一种信赖感，他们会对你的商品质量深信不疑，你的销售就成功了一半。

生意场上收获的友情，比订单本身更为重要。这是外贸商人王晓龙多年从商的一大心得。

"前两天，这位印度客户还给我发来电子邮件，说 Mr.Wang，好久不联系了，还记得我吗？"王晓龙说，自己也经常时不时地给老客户写写邮件，虽然是简单的问候，却拉近了彼此的关系和距离。

一位美国老客户告诉王晓龙，自己在网上选择中国合作伙伴的时候，找过很多中国企业，但询盘往往是石沉大海，只有王晓龙的回复不仅快速，而且字里行间透露出真诚，打动了自己。

如今，这位美国客户几乎每次到中国，都会打电话联系王晓龙，并多次让他跟自己一道去考察工厂，还让他给自己推荐合适的供应商。

有的人嘴拙，和客户交流的时候总是没什么自信。该如何与客户成为朋友，让客户信任自己呢？

1. 了解客户

了解客户的爱好，家人情况，结婚与否，孩子是儿子还是女儿，年龄多大，好动好静……只有把这些信息全部掌握，才能和客户有工作以外的话题，这是和客户拉近距离的一个重要手段。

2. 给客户解决小难题

如果客户找你来帮忙，千万不要嫌麻烦，时间长了次数多了，客户自然会觉得不好意思，即使他们不与你做生意，也会想办法帮你介绍其他客户。事实证明，通常客户介绍的客户成单概率都非常高。

3. 学会送礼

在生意场上送礼是必需，不管你送的东西值钱与否，关键看送得是不是时候，是不是人家需要和喜欢的，所以平时掌握客户的信息就非常有价值了。如果有对手和你竞争一个客户，而你又知道客户的喜好，那么送上合适的礼品，你的机会就会大一些。

当你与客户的合作告一段落，是不是就是终结了呢？也许这是大部分业务员处理的方式，但事实证明这是一个巨大的错误。

事实上，这次生意结束的时候正是促成下一次合作的最好时机。千万别忘了送给客户一些合适的小礼品，如果生意效益确实不错，最好还能给客户一点意外的实惠。让每笔生意有个漂亮的收尾带给你的效益，并不亚于你重新开发一个新的客户。

理由如下：

如果你前面的工作尚欠火候，还不能从合作关系提升到朋友关系的话，这样做就能很好地实现这个目标。如果前面的合作有些不如意的话，这更是个很好的补救方案。因为大部分人都认为既然合作完了，那么我们与客户的关系也自然结束了，但若是你比别人多做一点，客户就会把你从合作关系提升到朋友关系，那么下次再有需求时多半跑不了你的。

===== 人际关系基本规则 =====

成功沟通的一个前提就是，要变客户为朋友。世界说大很大，说小也挺小，同一个城市，要遇到一个人很难，也很容易。要想拥有长远的生意和客户，就得把客户当成是你的朋友，让他们信任你，感到把钱花在你这儿值得。

把生意当做友情来经营，会让你跟客户都感到开心。这样既谈成一笔生意，又多了一个朋友，多一条路。

8 Chapter

生活中必须学会的人际关系技巧

想多认识朋友最有效的方法是真诚

要做密友，就别计较付出与回报

不要企图去改变对方

别只关心家人"吃饱了没"，也记得问"为什么心情不好"

面对邻里街坊，多些理解与和气，就会少很多矛盾与问题

亲戚之间少一些"攀比"会更好

想多认识朋友最有效的方法是真诚

人生最需要友谊。如果一个人得意的时候没有人喝彩,失意的时候没有人安慰,遇事举棋不定的时候没有人为你参谋,身临险境的时候没有人解救,那么,这样的人生多么孤寂,而孤寂是人生最严酷的刑罚。

如果你能真正交上一个值得自己信赖的、可以倾吐自己的肺腑之言、可以把自己的生命都托付给他的朋友,就等于拥有一座永远也采不完的金矿。

李白诗曰:"知音不易得,抚剑增感慨。"明代通俗小说家冯梦龙在《三言》中说:"相识满天下,知己能几人。"中国人很向往知心朋友。当然,向往是一回事,在生活中真正的朋友却很难得到。

朋友间应该真诚相处,不要把自己藏得太深,否则就没有人和你交朋友了。一个人襟怀坦荡、以诚待人,是自信和阳光的表现。这样的人总会被大多数人所喜欢。

世界著名魔术师斯瑟顿,在40年时间里共为600万人次做过表演,赚了数百万美元。他取得成功的经验在哪里呢?

斯瑟顿深有感触地说,除了他在舞台上表演出个性之外,就是对别人真诚。有不少魔术师在表演时，都把台下的观众当成"傻瓜"、"笨蛋"、"乡巴佬"，因此声名狼藉，一事无成。

而他在演出中时时想着观众，把观众当做衣食父母，每次都对自己重复着说"我爱我的观众"，使自己始终心怀感激，尽心表演，从而受到了人们的爱戴。

作家海明威朋友众多。他交友，并不以名气为准，不少名气不大的小人物也和他成为莫逆之交。在他的朋友中，有政治家，有作家、画家、医生、教师，有老板、经理、工人、警察、拳师、花匠、店员、司机、厨师和家庭妇女等。

为什么他有这么多的朋友呢？原因就是他对任何人都真诚。"朋友"二字，对他来说至高无上。

他在家中不爱说话，相当严肃，可在朋友面前，他的话相当多，只要朋友一来，便废除一切给自己和家人规定的戒律，一切都围绕朋友转。他家的客厅，他的时间，他的心永远是向朋友们敞开着的。远方的朋友来拜访，海明威都要约至餐馆相聚。

而他住处附近不少饭馆的经理、领班和厨师都和他是好朋友，每次只要他说上一两句关照的话，厨师朋友都会心领神会，立即做出一桌使客人满意的饭菜来。

海明威爱画，也就爱和画家来往。虽然他参加过两次世界大战，负过伤，腿脚不便，但每次大小美术展必到，还要当场掏钱买画，尤其专买还未订出的画或者少有人订的画。他不愿意让任何人受到冷落，他想让每个画家都受到社会的尊重。很多画家生活比较窘迫，他们常常拿自己的作品让海明威挑选。海明威绝不让他们扫兴而归，总是高高兴兴地留下一两幅，而且立即付钱。一时间他家里的画家络绎不绝。正是这样，海明威赢得了众多人的尊敬和信赖。

"一个人只要对别人真诚，在两个月内就能比一个要别人对他真诚的人在两年之内所交的朋友还要多。"这是戴尔·卡耐基讲的一种交友的秘诀。

是的，如果我们只对自己真诚，而对别人不真诚，是不会交到朋友的，这个道理很简单。

一个人若老是对人冷淡、只打自己的算盘，他一辈子都很难交到朋友，也没有人愿意请教他，但假使他能够常常设身处地地为他人的利益着想，就能获得别人对他的回报。

广交朋友是要有原则的，那就是真诚，这是底线，只要是真诚的朋友，就值得你去交结。而交朋友的条件则是爱心，朋友之间最需要的是相互理解，一个人只要用宽厚之心待人，凡事不要苛求，那种友谊就会日久天长，感情的大厦就会屹立不倒。

── 人际关系基本规则 ──

常听到一些人这样抱怨："哼，他不关心我，我还关心他呀？"也常听到一些人感叹："人情冷漠，世事艰难，不被人们关心和理解"云云。这些人，大多数都将责任推卸在他人头上，从不从自身找问题。

殊不知，你对别人不真诚，见到人冷冰冰的不理睬，不关心他人的疾苦，却又想他人真诚、热情地对你，实在是有悖情理。

要做密友，就别计较付出与回报

朋友之间不能斤斤计较，认准和自己能成为朋友的人，在力所能及的范围内给予朋友最大的帮助，而不计较得失，朋友才会长久，朋友才会变成好朋友，好朋友才会变成知心朋友。

对一个朋友，且不论男女朋友，不能太过于重视，否则对方会觉得压力很大，会被你的重视压得喘不过气，但又不能过于疏忽，过于疏忽，可能就不会再有联系。

无论是朋友之间，还是恋人之间，双方的情感肯定是无法对等的。总会有付出较多的一方，往往是付出多的一方容易受到伤害。

所以，现在很多人在和朋友相处的时候，都会告诫自己，要控制自己的感情，这样会让自己和朋友都不受伤害。所以在交友时尽量不要给对方带来压力。

生活中并不是所有的人都能成为朋友。每个人都有自己的人生态度、处世方式、情趣爱好和性格特点，选择朋友也有各自的标准和条件。

有两个朋友在沙漠中旅行，在旅途中他们吵架了，一个还给了另外一个一记耳光，被打的觉得受辱，一言不语，在沙子上写下："今天我的朋友打了我一巴掌。"

他们继续往前走，直至到了沃野，他们决定停下。被打巴掌的那位差点被淹死，幸好被朋友救起来。被救起后，他拿了一把小刀在石头上刻下了："今天我的好朋友救了我一命。"

一旁好奇的朋友问道："为什么我打你的时候你写在沙子上，而现在要刻在石头上呢？"

另一个人笑了笑回答说："当被一个朋友伤害时，要写在易忘的地方，风会负责抹去它；相反地，如果被帮助，我们要把它刻在内心深处，任何人都不会抹去它！"

这两人就是真正的朋友。

朋友之间相互伤害或者互相误会在所难免，但是这些伤害和误会往往是无心的，忘记那些无心的伤害，铭记朋友曾经对你的好与帮助，你会发现在这个世上会有很多真心的朋友。

我们想要跟一些朋友从泛泛之交发展到密友，且能一直友好下去，就需要明白一些交往禁忌：

1. 别以为你跟你的朋友，可以不分彼此

东西绝对要分清楚，俗话说得好："亲兄弟也要明算账"，何况你们还只是朋友。所以跟朋友在一起亲则亲密，但东西、金钱还是分清楚比较好。

2. 别以为你跟你的朋友，熟到连他们的厨房、卧室都可以自由出入

越是好的朋友，越是要彼此尊重。毕竟不是自己的家，你凭什么自由进出别人的地盘？有时候太过随便的举动只会让人觉得你不尊重他。

3. 别以为你对你的朋友，可以全权托付

如果你常给对方这种期许，久而久之会让对方感觉你是一个毫无主见、依赖性重的人，由此可能会对你改变态度，并且影响你们的友情。

人际关系基本规则

朋友可能一辈子，也可能因为一点小摩擦而成了仇人。从小处做起，越是看起来不重要的小细节，越是会影响你们之间的友情。好好看看自己哪样没做到。别因为这一些小地方，而让你损失了一个好朋友。

朋友是你的终身事业，需要用心去经营。

不要企图去改变对方

每个人都有自己的行为习惯。不要总想让别人适应自己，自己为什么不能去适应别人？

企图改变他人是一种错误的想法。当你与别人相处时，如发生一些摩擦，你不如先检视一下自己是否有错。

企业家隆恩在创业之初特意选用消极、被动或不能让人信赖的员工，希望把他们训练成积极、进取、诚实可靠的得力属下。隆恩说："当年我下定决心，即使赔上性命也要坚持到底。"

结果他并没有做到，这些员工依然如故，完全没有被他改造。

最后，隆恩不得不承认，最好的办法是招募人生观与他相近的人来用。

我们每一个人都应吸取这个教训。强迫别人改变不但是剥夺别人的权利，往往也会引起反效果。别以为自己有多大的能耐能够化腐朽为神奇。

一天，爱默生和他的儿子要把一只小牛赶入牛棚，爱默生在后面推，他儿子在前面拉。而小牛蹬紧双腿，顽固地不肯离开原地。而他们的爱尔兰女仆看到了他们的困境——她虽不会著书立说，但她比爱默生拥有更多关于牛马的知识。她了解那只小牛想要什么，因此她把她的拇指放入小牛的口中，让小牛吮着手指，同时轻轻地把它引入牛棚。

这样的情形常发生在我们周围。我们往往费劲地向别人灌输自己的观念，甚至对别人的不接受感到不理解，甚至恼羞成怒。其实在别人眼中，自己何尝不是冥顽不灵？

改变是一个自愿选择的过程。如果一个人自己不肯接受改变，那么任何人都无法强迫他。我们必须像尊重自己的权利、态度和情感一样，真正地尊重别人的权利、态度和情感，这样双方才会亲近。

然而，仍然有许多人没完没了地做无用功，企图使别人顺从自己的心意。

我们批评对方，指责对方，企图以各种方式操纵对方，要让对方变得服服帖帖或成为我们希望的那个样子。

我们往往以爱的名义这样做，偏说我们知道怎样做才对对方有利，却没有意识到这是侵犯对方的人格和权利。

更何况，绝大多数企图改变他人的案例都以失败告终。有些人不明白，为什么企图改变别人总会失败呢？其实很简单，那就是因为我们在日常生活中往往产生一些错误的观点，致使我们认为自己去改变他人是正确的：

第一种错误观念：认为他人应当遵守我们的行为准则

我们理所当然地认为自己比别人更聪慧，在评价对与错方面比别人更优越，我们富有公正感，承袭了善良的德行，总之，在智慧或者心理方面别人总是不如自己。

我们总认为自己是正确的，别人是错误的。如果没有这种想法的话，就不会对别人如此苛刻了。

有这种观点的人几乎都是以自我为中心，认为自己在智慧或者心理方面总是比别人优越，因此会如此强烈地要求别人遵照他们自己的行为准则来行动。这种做法、意识非常滑稽。

第二种错误观念：认为所有人都会乐于改变自己

如果你这样认为的话，那么你就忽略了一个事实：正如我们喜欢固守自己的习惯行为一样，他们也不愿意改变自己的行为——这样挺好的呀，为什么非要改变呢？

第三种错误观念：认为比起别人对我们的那些行为，我们对于他们的行为并不会令他们生厌

产生这种想法的原因是因为我们只关注自己，很少会把注意力放在别人的身上。

或许别人并没有对我们的行为指手画脚，并没有干涉我们的行为。事实上，并非因为我们比别人更优秀，而是因为他们更加懂得去宽容和尊重别人。

人际关系基本规则

人与人的交往中，多数人都知道别人需要什么。在许多情况下，别人实际上并不要求我们付出多少。

如果我们真爱他们，就应该放弃一部分自我，满足他们的需要。见到他们快活、自在，自己也会为此而高兴。

人的改变必须出于自愿的选择。当然，我们也有可能支配别人、操纵对方，迫使对方变成我们所期望的样子，让对方的行为符合我们的需要。但是，这样做完全无视对方的人格。

既然爱一个人，就应该尊重其人格。若是对方在许多方面并不是我们想象的样子，那么最好允许对方保持尊严。

要做到通达，首先需要我们自己变得成熟。假如我们老是认为自己是对的，过错总在对方，那就不会相处得好。

别只关心家人"吃饱了没"，也记得问"为什么心情不好"

不知在你的身上是否发生过样的情形：在公司里，老板当众狠狠地训斥了你，你还得点头称是，但下班回家后，你的爱人轻声问你为什么晚归，你却火冒三丈。好久不见的老友询问你的终身大事，你心里会觉得很温暖，但同样的话出自父母的口中，却令你厌倦。

仔细想想，上述种种情形对我们来说并不陌生，似乎家人欠了我们什么，我们就应该对他们不客气。

周末，和几个朋友一起去洗足浴。其中有一个项目是踩背，给我踩背的小姑娘可能是新手，动作不太娴熟，在被她好几次踩得生疼之后，我终于忍不住"哎哟"了一声，然后一句话脱口而出："如果是在家里，早发火了。"

朋友们哈哈大笑，却吓得小姑娘连连道歉，我一看失言吓着了人，连忙说："没关系没关系，你继续，脚下留情就行了。"

一位朋友看我龇牙咧嘴地忍着，忍俊不禁："如果你在家也这样容忍，那你们就真成五好家庭了。"

朋友的这句话引起了我的深思。

我们往往对外人宽容，而对身边的亲人却非常苛刻，容不得一点瑕疵，稍微不满意就会大声说出来，根本想不到要顾虑对方的感受。

在对家人口无遮拦地指责的时候，还有冠冕堂皇的理由：你是自己人我才这样，要是别人还懒得和他发脾气呢。

面对对方的过错，总会抓住不放，严加斥责的同时还会说："你是自己人我才管，别人怎么样不关我的事。"却总是忽略，即使是"自己人"，也需要得到你的尊重和宽容。

很多人对家人都会犯这样的错误，放大家人的缺点，缩小家人的优点。面对对方的包容和忍让，也认为是理所当然的。

对待家人，我们要信任和理解，更需要宽容。

每个人都有自己的生活轨迹，善待家人，就要给家人一个空间。即使是自己的家人，也不能强迫他们做自己不愿意做的事情。往往家人气头上的一句重话比外人的辱骂更容易造成难以弥补的伤害。所以我们更应该妥善处理好与家人的关系，避免伤害到家人！

人生的道路上，有很多很多的选择，很多时候也正是因为选择的不同，而导致了不同的人生。善待家人，就要尊重家人的选择。同在一个家庭，是一种缘分，如果有共同的理想和志向，那叫志同道合，更好！但是，也不可党同伐异，为了求得统一而争论不休。

我们不能预知未来，但我们能把握现在，就让我们从现在开始，善待生命，善待家人，让我们每一天都过得快快乐乐！

记住，温柔、细心和懂事，不要只留给外人，朝夕相处的家人更需要我们的体恤。善待家人，家才安宁；善待家人，家才温馨。所以，善待家人，就是善待自己。

―――――― 人际关系基本规则 ――――――

我们要了解一个人，不能只看他对外人的态度，应该看看他对父母孝不孝顺，对太太、子女是不是真正关心。一个人能对家庭负起责任，一定是个忠诚可靠的好朋友。反之，一个人如果连自己的家人都不好好对待，又怎么能真心对朋友好？

面对邻里街坊，多些理解与和气，就会少很多矛盾与问题

用现代人的眼光来看，人与人之间的交际应酬，不仅是出自本能的需要，也是适应社会发展、促进个人进步的一种必不可少的途径。

但由于现代人的工作繁忙、生活压力大，所以很少有空或者有心情与邻里交流。邻居姓什么、哪里人，都不了解，更不知如何面对邻里交往问题。

俗话说得好："远亲不如近邻，近邻不如对门。"搞好邻里关系，既能增加友谊，又有利于家庭生活，对此应该给予足够重视。

我居住的小区不大，但大部分都是老街坊，所以大家都认识，关系也很融洽。小区里有一位姓郭的女士退休时间比较长，闲暇的时候她最喜欢做的事情就是帮人。

去年小区搬来一个八十多岁的老太太，孤身一人，似乎没什么家人，郭女士就常常去她家里帮忙。

老太太眼睛不好使，生活不太方便。郭女士就每天过去陪她。早上去一趟，替老人穿衣梳头，准备早饭；下午回家做完饭，先把热乎乎的饭菜给老人送过去。

有时候天气好，郭女士还会带老人出来散步，有时候遇到别人，老

太太都会一直夸赞郭女士："她把我从头管到脚。我跟她无亲无故的，真是个好人啊！"

现在像郭女士这样的热心人并不多，对于别人家的困难，大部分的街坊邻里选择的是视而不见。

我们小区的房子都是20世纪80年代的老房子，没有电梯，每层就两户，大门都是面对面。我家和住在对面的王姐一家很熟悉。王姐的孩子在外地念大学，家里有王姐夫妇和王姐的公婆。

公公婆婆都是八十多岁的老人，一个心脏不好，一个血压高还有轻微老年痴呆。

后来王姐楼上的人家把房子卖了出去，一段时间之后她家楼上搬来一对三十多岁的夫妻、一个三岁左右的小男孩和一对老人。

那家人搬来之后王姐家里就开始不安宁了。她告诉我，那家的女主人总是穿着高跟鞋在楼上走来走去，大清早和晚上也是这样；小孩子天天不上幼儿园，在家里骑自行车；老人呢，大白天也不外出散步，最爱在家里这里敲敲那里敲敲。

老房子隔音很不好，这些噪声给王姐家里带来了很大的困扰，特别是家里的老人，总是在大清早或者深夜被吵醒，很影响身体健康。

王姐去楼上交涉过几次，均无效果。最后找了居委会，那家人也不配合。发展到最后，王姐一家找了警察，警察劝说的时候楼上一家人表现尚好，但是等警察走了之后，那家人居然变本加厉地制造噪声。

对于王姐家的遭遇，我们这些老街坊都感到气愤，一个不体谅别人、不尊重别人的邻居真是比什么都可怕。

邻里之间在彼此了解基础上的相互关照、相互帮助，是人们生活中不可或缺的一项内容。但在现实生活中，左邻右舍的交流和沟通在逐步减少，人们普遍感叹邻里之间的关系变得日益冷淡了。

中国是礼仪之邦，祖祖辈辈流传着许多有关邻里关系的俗语歌谣，如今听来仍然具有教育意义。譬如："远亲不如近邻，近邻不如对门"、"有缘成邻居，附近伴如亲"、"你敬我一尺，我敬你一丈"等。

但愿"鸡犬之声相闻，老死不相往来"的现象永远成为历史，愿人们在和谐相处中共赴美好的明天。

人际关系基本规则

邻里交往之中要注意"七不要"。

- 不要自我封闭

居家过日子，总有个缺东少西的时候，哪能万事不求人？一旦自己有了为难的事儿，就要靠大家帮忙。这样，你帮他，我帮你，在大家互相帮助下，一些事情就解决了。"老死不相往来"的做法，是万万不行的。

- 不要疑神疑鬼

凡是邻里间不和气，往往是由于误会，或是自己心胸狭窄造成的。结果弄得自己不痛快，别人也别扭。

多疑的人，要把心胸放宽些，不要为了点儿小事，闹出可悲的结局。

- 不要纵容护短

护短一般都体现在孩子身上。现在大多数家庭只有一个小孩子，家长都很宠溺，怕孩子受人欺负，一见孩子哭就心疼。一旦自己的孩子和邻居的孩子玩耍时出了点问题，就不分青红皂白，一味护着自己的孩子，这就容易闹不和睦。

做父母的不能袒护孩子的缺点。就是自己的孩子没有错，也要把度量放宽一些，不能为孩子间的事伤了大人的和气。

- 不要斤斤计较

要搞好邻里关系，不能为一点小事斤斤计较。有不少邻里，常为一些电费、水费吵得脸红脖子粗，甚至大打出手。

很多事情没有绝对的合理。只要大家互相让一下，不过分较真儿就没事儿了。为了一点小钱，争得不可开交，是没有任何意义的。

● 不要大声喧闹

随着人们生活水平的提高，电器越来越多了。这本是一件好事，可一旦处理不好，也容易闹矛盾，影响邻里关系。院子里的人由于年龄不同，体质有别，工作性质各异，有的要早些歇息，有的要学习，有的要娱乐，一定要注意避免因此而影响邻居间的团结。

亲戚之间少一些"攀比"会更好

春节过后的一次电话里，说起过去不久的春节长假，我的小学同学刘刚十分无奈，他觉得参加各种聚会几乎让他患上了恐惧症。

刘刚跟我抱怨说，春节长假，几乎每天都要跟亲戚、朋友、同学聚会，不但赶场子喝酒，更要承受各种物质攀比带来的心理打击，几天下来身心交瘁。

刘刚在高新区一家不大的公司工作，几天前的春节，与亲友们聚会。

很多人从外地回来，刘刚本以为聚会很温情，但聚会时的话题让他很无语。"刚升级做了领导"、"生意不好做，才赚几十万"、"准备跟老婆去地中海度假"、"去年买了宝马，今年想换奔驰"……听着大家意气风发的言语，他心里很不是滋味。

他平时也侃侃而谈，但在聚会上默然无语。

他说，当年很多人的学习成绩被他甩开几条街，有人甚至大学都没考上，他们现在却十分风光，自己备受打击，觉得很没面子。

长假结束了，他反而更开心，再有聚会就有借口可以不参加。

他不说，我也意识到了，票子、房子、车子甚至孩子，是现在节日聚会的主要话题，面对亲友或昔日"睡在上铺的兄弟"，"恐聚"成为不少人的真实心态写照。

像刘刚一样，身边的一位女性朋友也跟我抱怨，说她参加的聚会也充斥着这些话题。原以为可重拾友情，谁知大家一见面，先暗自比较各自穿着打扮和皮包，然后比工资收入以及春节前拿到了多少年终奖，后来又比起各自男朋友或丈夫。她则没一样能压倒别人，觉得心理落差很大。

我看到一则新闻：

很多人在统计春节期间的开支账单时发现，一个春节竟花掉了自己好几个月的工资，有的人甚至把自己所有的积蓄全都花光了。

此时他们感到无比失落。他们说，之所以花了那么多钱，主要是过于看重面子。买礼品，买衣服，送人情……都不想低于他人，不想在人家面前丢面子。

票子、车子、房子等话题让参加同学、朋友聚会的人烦恼，亲戚间的聚会也未必让人舒心。因为亲戚聚会更加频繁，更难躲开，长辈、老人坐到一起最爱讨论谁的孩子更有出息，让小辈们彼此间很尴尬，亲戚关系也变淡了。

留心之下，我听到了更多的议论，譬如：

"自己读的只是三流大学，工作不顺，赚钱不多，春节期间的聚会能逃就逃。"

"这个春节，同学会、朋友会，只要人比较多的那种，我一概不去。"

"聚会时别人津津乐道的是房子、车子、票子，甚至还有人比谁的老婆、女朋友更漂亮，谁的男朋友、老公赚钱多，这样的聚会去了没意思。"

我给这些类型的人，起了一个新名词——恐聚族。他们害怕在聚会中互相攀比，担心自己的职业发展和生活状况不如他人，无法面对亲友和同学。

当然，节日聚会催生"恐聚族"只能说明当前社会太物质化，亲情、爱情、同窗之情等美好感情都庸俗化了，现在的社会价值观趋于一元化，社会普遍把有权有钱作为衡量一个人成功与否、有没有本事的标准。

因为攀比，我们的孝敬意识已变得越来越弱。

在我身边，我发现有这样一种现象，很多年轻人开着小车，但他们的父母却干着辛苦的体力活，日子过得很艰难。

早年时，我老婆羡慕别人的小车，对我说有车是多么方便时，我是这么对她说的："至少我要让双方的父母都过上了比较轻松美满的生活之后，才会去考虑买车，否则如果我开着小车，但他们却过着艰辛的日子，我觉得这就是一种不孝。"

虽然做父母的都希望自己的子女能出人头地，让自己脸上光彩，但这往往只是短暂的、表面的，他们最期待的一定是全家人能够长久地过着衣食无忧的生活，而并不喜欢这种表面上开着小车但实际却比较拮据的生活。

我听一位做业务员的亲戚说，去拜访客户时，如果你是开小车去的，那么门卫与老板往往会比较热情地接待你，而假如你没有小车，那么客户对你的态度往往会冷淡一些，甚至会拒之门外。我那亲戚为了做好业务，不得不在经济比较窘迫的情况下去买小车。

当今社会趋炎附势之风越来越严重，为了适应这个社会，我们常常身不由己。比如没房没车就难以娶到老婆，虽然有房有车的人未必都过得很幸福，有房有车的人未必会很爱你，但是为了面子她们还是要去追求那些。太贫穷就没有多少人愿意和你交朋友，虽然并不见得有钱的人都是好人。

其实，互相攀比之风，也是有时代背景的。

80后、90后的父母辈多出生在上世纪50年代到70年代，那时基本没贫富差距，大家都穷，没什么可比的，孩子也没什么可拿出来比的，反正都是祖国革命事业的一颗螺丝钉，没什么区别。但随着经济改革，一部分人率先致富，家庭成员出现分化，这一代国人前所未有地感受到金钱已成为衡量社会地位的标准，在改革大潮中没能捞上一笔的人是非常失落的，有条件的家庭可以让孩子接受更好的教育和生活，没条件的家庭就会经常说：我的孩子没其他亲戚家孩子吃得好穿得好，但我的孩子学习成绩比他们好。如果有朝一日考中名牌高校，也能出人头地。

对于这种"国情"，我们怎么办呢？

1. 要积极调整心态

有时候难免遇上有人炫富，人家未必戴着有色眼镜看你，但是如果你将一些话当成对自己的贬低，只会陷入自怨自艾的不健康心态。

2. 化压力为动力

承认别人目前阶段确实比自己更成功，向他们讨教成功的经验教训，更可以通过聚会拉近亲戚、同学、朋友的关系，使自己的事业和生活获得更广阔、更美好的发展前景。

3. 找到属于自己的快乐

真正的幸福应该是长久的衣食无忧，能够感受到更多心灵深处的悠闲与自在，而不是快乐一时，表面风光。

因为每一个人都希望能突出自我，而并不喜欢别人超过自己，所以当你满怀期望地在他人面前好好风光一下时，或许根本就没有多少人理睬你、称赞你，你所得到的或许只是别人的嫉妒与冷嘲热讽。如果你想赢得他人的爱戴与尊重，那么你就应该努力去给别人带来快乐，而不要以一种炫耀的方式去刺激别人、伤害别人。

攀比是没有止境的。如果总是去跟比自己富裕的人作比较，总是想去超过他们，那么我们得到的只有失落感。

走亲戚时，开车去跟打的士去相比，身体上的感觉其实是差不多的，但开车去的人往往会更自信一些；从身体上的感觉来分析，穿普通衣服与穿名牌衣服其实并没有太多差别，但穿名牌衣服的人往往会更自信一些。

所以超越与追赶别人所给我们带来最多的其实就是自信,反过来说,只要我们能够充满自信,那么不管能不能超过别人,都可以活得很快乐。

=== 人际关系基本规则 ===

并不是只有超过了别人才能快乐,每个人有每个人不同的快乐。

快乐与否跟能不能超过别人一点关系也没有,比如欣赏喜爱的影片、聆听美妙的音乐、享受爱吃的美食时你同样会感到很快乐。

你的收入与钱财或许确实比某些人要少一些,你的官位或许确实比某些人要低一些,你的外貌或许确实没有某些人漂亮,但是只要你能够充满自信,照样可以活得很快乐。